U0030168

RAISING A THINKING CHILD

修訂新版

培養會思考的小孩

美國家長評選大獎得主

米娜・舒爾

教養及育兒領域暢銷作家

泰瑞莎・佛伊・迪覺若尼莫

—— 合著 ——

游琇雯

—— 譯 ——

推薦序1

培養獨立思考判斷的優質少年

語言專家、前臺北教育大學校長　莊淇銘

教授創意思考多年，經常問同學：「台灣人民平均創意指數高不高？」大多數人會回答：「不高」。再問：「為什麼不高」？有人會回答：「沒人教。」有人會說：「僵化的教育。」我說：「兩者皆是。」沒人教創意，當然不容易學會創意。其次，僵化的教育，會讓人不會思考，一個不會思考的人，怎可能會有創意？

值得注意的是，在這種情況下，逐漸形成了一種不鼓勵思考的文化。在家裡，「什麼樣的孩子是好孩子」？回答：「聽話的！聽父母的話。在學校，「什麼樣的學生是好學生？」回答：「聽話的！」聽老師的話。再問：在學校，「什麼樣的老師是好老師？」「聽話的！」聽校長的話（笑聲）。我們這種聽話文化，就是扼殺思考的兇手。在現在的知識社會，我們要培養的人才，是能獨立思考判斷，能開發創意的人才。

所以，吾友知名的創意名師陳龍安教授，進行的創意能力實驗結果顯示，扼殺小孩創意的第一兇手是父母。因為，他們自己本身沒有創意，無法給小孩創意的思考。其次，又老是要求

推薦序 1

培養獨立思考判斷的優質少年

小孩聽話。不會引導小孩思考，讓小孩逐漸失去思考能力。**不會思考的小孩，在知識社會中，將失去競爭力。準此，培養小孩如何思考，成為各國教育的主要重點。**只是，這方面的書籍相當缺乏。是以，看到了Myrna B. Shure著的本書，如獲至寶。因為，書上的內容，無論在理論上的傳達正確觀念，以及實務的培養小孩獨立思考能力，都字字珠璣。

書中，從重點破題，提出「如何思考」比「思考什麼」更重要。面對問題，一會思考的人，會找出產生問題之原因，然後，解決問題。不會思考的人，其面對態度，可能是「為什麼我這麼倒霉，遇到這種問題。」其次，採取遊戲的方式，將思考訓練及培養解決問題的能力，融入有趣的遊戲中。此外，了解孩子的感受亦非常重要。許多家長因為不瞭解小孩的感受，讓小孩認為「讀書是為了父母」，造成小孩沒有良好的讀書動機。是以，在培養小孩獨立思考的過程中，要瞭解小孩的感受，否則，成效將會不彰。另外，尋找不同解決問題的方案，將引發對不同方案的比較與思考。在比較方案的過程，獨立的思考自然就產生了。再者，培養小孩考慮行為的後果，這除了會讓小孩多加思考行為的對錯及產生的後果外，還會養成小孩的負責感。

培養小孩思考很重要，然而，如何培養小孩思考的書籍不多，有效率培養小孩思考的書籍更少。本書無疑是難得的佳作，善用本書的方法及技巧，將可培養獨立思考判斷的優質少年。特提筆推薦！

推薦序2

考試不考，但人生要考的功課——人際智能

臺北教育大學教育學系副教授　田耐青

在我任教的大學中，我擔任「生涯發展」的授課。這門課有一項個人作業是請學生就「自己未來有興趣從事的職業」訪問一位在職人士，並寫出一份書面報告。報告中，有一項是「這個職業需要哪些強勢智能？（註一）」。學生交來的報告中，職業五花八門，由兒童才藝教師到網路拍賣家，由古董商到銀行行員，還有事業機構的行政人員、廚師、直銷人員或自行創業……等。在批閱這份訪問作業時，我發現每一位在職人士（不論從事哪一種行業）都強調他們的工作需要強勢的人際智能，才能有智慧、有效率並和諧的與他人（包括同事、上司、屬下、客戶、協力廠商等）共事、溝通與互動！

其實，人際智能不僅在職場上重要，在家庭中也很重要。許多家庭諮商案件的緣由都是因為夫妻、親子、手足、姻親或家族成員間的人際關係出了問題。人際智能在求學階段也很重要，研究及教學現場的觀察顯示學生在校的人緣好壞直接影響他的自我評價、是否喜歡上學及他的課業學習（許多學習任務是要求學生以小組的方式合作完成的）。因為瞭解到人際智能

考試不考，但人生要考的功課－人際智能

的重要，我曾指導台北市志清國小的教師團隊發展出一套涵蓋小學六個年級、十二個學期的課程，以加強小學生在「同理心與情緒管理」、「尊重」、「有效表達、傾聽與肢體語言」三方面的能力（註二）。該書內容以教室內的教學活動設計、教師的教學省思及小學生的學習心得為主，比較適合小學教師參考。所以，當「因幼兒的人際互動不良而煩惱」的家長來找我討論而我想推薦他們讀一些書時，總覺得還是使不太上力。

如今，我讀到手上這本《培養會思考的小孩》，心中有很大的喜悅，因為它所指導的方法（「我能解決問題」，I Can Problem Solve, ICPS）簡單、有效，即使是忙碌的家長也可利用零碎的時間，指導學齡前的幼兒運用「基礎」詞彙（如：是／不是、和／或是、有些／全部、之前／之後、現在／等一下、相同／不同）、「情緒」詞彙（如：高興、難過、生氣、得意及挫折）及「接受限制」的詞彙（如：恰當的時間／不恰當的時間，如果／那麼，或許／可能會，為什麼／因為，公平／不公平）「出聲思考」（think aloud）自己及他人的感受、不同的解決之道、行為的後果；最後，決定一個想法的優劣。ICPS的精神在教導孩子懂得自行思考，意識到人的行為有因、有果，人有感受，以及不是只有一種方法能夠解決日常的人際紛爭，讓孩子能夠決定自己該怎麼做，並評量自己的想法。

我在想，其實不僅幼兒，較大的孩子、青年、成人都可以透過ＩＣＰＳ增進人際智能。

註一：這個項目的理論基礎是Gardner的多元智能理論（Theory of Multiple Intelligences, MI）。該理論宣稱有八種不同的智能，即：語文智能、邏輯數學智能、空間智能、音樂智能、肢體動覺智能、人際智能、內省智能與自然觀察智能。人際智能強勢的人對他人的臉部表情、聲音和動作具敏感性，能察覺並區分他人的情緒、意向、動機及感覺。他們喜歡並擅於參與團體，在人群中感到舒服自在，人面廣、人緣好。

註二：田耐青、楊寶玉與台北市志清國小團隊（2006）。小學生的人際關係與溝通──綜合活動可以這麼教。台北：高等教育。此書獲國立台北教育大學九十五年度「教師教材與教學著作獎勵」佳作獎。

推薦序 3

給孩子最棒的禮物

卡內基訓練大中華地區負責人　黑幼龍

「父母可以送給小孩一部汽車，
也可以讓他們上最好的學校，
但是，沒有一樣禮物
比幫助孩子具備思考的能力更寶貴。」

序言 嶄新的思維技巧——「我能解決問題」

這是一本談論教養兒童的書——但這本書不會告訴你，孩子應該做什麼，它也不會告訴你，孩子應該如何應對進退。不同的是，這本書要告訴你，家長可以藉著鼓勵孩子思考的方法，影響孩子的社會適應力（social adjustment）。我在這裡所談論的是一種非常特別的思考模式——一種在解決日常生活中的人際問題時會用到的思考模式。這本書所討論的是一套有研究基礎，有臨床實證，又經過兒童測試過的方法，這套方法稱為：我能解決問題（I Can Problem Solve），又簡稱為ＩＣＰＳ。

想想最近你和配偶、同事、朋友、孩子——真的，任何人都好——之間的嫌隙。想想你在問題獲得解決之前的感覺——焦慮、煩惱、生氣、挫折？現在，再想想你在問題解決之後的感受——如釋重負、高興、有成就感？再想像一下，如果重重的問題不得解決，長期以往，可能就會開始影響你每天的心情和每天的行為。也許你會覺得自己一無是處，很無助，然後開始做出一些不合時宜的行為。這正是孩子無法成功解決人際問題時的感受。

當然，各個年齡層的人都會遇到普通、尋常的人際衝突，也會有需求未獲滿足的問題，這很自然。你可能希望某戶鄰居晚上能安靜一點，一個青春期的孩子也許夢想有個根本毫無指望的約會；而一個四歲的幼童可能為一個得不到的玩具，哭鬧不休。這些「想望」最終的差別乃在於——每個人如何嘗試去達成希望。**我發現那些能夠用解決問題的方法來思考的人，比起那些無法運用解決問題思維的人，或是比起那些還沒學會運用這種思維的人，更容易獲得成功，他們也擁有較佳的社會適應力。**

我在費城（Philadephia）的電台主持談話性節目，訪問一群家長，他們正開始為就讀高中的女兒要上大學的事宜做準備。這些家長認為，在女兒離家上大學前，開始教導她們如何做決定（decision-making）的技巧是很重要的。我告訴這些家長，我能夠幫助比高中生還小很多的兒童學習做決定的技能，也幫助這些孩子學習如何自我思考。這些家長才驚覺，其實早在女兒三、四歲大的時候，就可以開始這種訓練。例如有一位參加「我能解決問題」訓練課程的母親，她幫助四歲的兒子羅伯（Robert）決定該如何說服朋友讓他玩朋友的玩具。當羅伯說他可以逕自把玩具搶過來玩，他的母親幫助他仔細考量這個解決問題的方法。她幫助羅伯考慮到，羅伯自己和另一個孩子對此做法會有何感受，接下來可能會發生什麼後果，以及還有沒有其他的做法。這種稱為「我能解決問題對話」（ICPS dialoguing）式的對談幫助羅伯成為一名更佳的解決問題者。即使他才只有四歲大，羅伯已經開始思考自身的課題。

為什麼羅伯新的思考能力對他本身以及對他的父母來說很重要呢？我和與我有超過二十五年一起從事研究的同僚喬治・史匹瓦克（George Spivack）發現，能夠意識到人的行為有因、有果，人有感受，以及不是只有單一方法能夠解決日常的人際紛爭的幼童，比起那些只是隨意應付身邊問題的孩子，較少產生偏差行為。

經由對全美數以千計幼童所做的審慎評估，我和研究同仁發現，具有「我能解決問題」能力的孩童較不容易感到沮喪，當事情不順己意的時候，他們較不容易失控、比較不具攻擊性，也比較關心別人。這些孩子比較會和別人分享及輪流，他們也比較容易結交朋友。有些過分退縮的孩子因此而學會保障自己的權益，並且變得比較外向。

因為我們最早的研究顯示，孩子解決問題的思考能力和行為之間有極顯著的關連，我們不禁要問：如果這種思考能力能夠在學校裡，區分出具有社會行為能力和不具有社會行為能力的孩子，那麼，我們能不能夠幫助缺少這種解決問題能力的孩子學會這些思考技巧？學習這些思考技巧是否能夠幫助提升這些孩子解決問題的能力，達到和那些有較優能力同儕的相同水準？如果增進解決問題的思考力真的能夠導正行為，那麼我們就有辦法，能夠在偏差行為失控之前，提供一個新的方法來減低，甚至可以預防偏差行為的產生。

我從六名幼兒園的孩子著手。在我試圖教導他們那些我認為會幫助他們學習解決問題的概念之前，我也仔細聽他們說話。我注意到，當我在群體中要求他們找一個「不同的」主意，來解決我告訴他們的假設性問題時，我不斷聽到他們一次次重複同一個老方法。有些孩子真的只能想出一種或兩種解決問題的方法。我發現另外一些孩子則是搞不清楚「不同」這個詞是什麼意思。不管他們懂不懂這些字詞的意義，我發現，操作這些早期的文字概念，會幫助孩子以後解決問題的思考能力。我於是想出一個遊戲來運用某些重要的詞語。因為孩子在遊戲中接觸過不同這個詞彙，所以當我後來要求他們找出一個「不同」的方法來解決問題時，他們會因而產生一個有趣的聯想。而「**不**」這個字的遊戲，則能幫助他們聯想到，「這是一個好主意嗎？或者，這**不**是一個好主意嗎？」的問題。此外，簡單的兩個字：「**或者**」，是用來取代另一個較複雜的「**其他選擇**」（alternative solutions），但是又能被學前兒童所了解的字眼，這樣他們以後就能思考：「我能這樣做，**或者**，我能那樣做」。在對幼兒做了好幾次試驗性的實驗（pilot trial）以後，我訓練了四位老師，爾後增加為十位老師，然後慢慢地，這些年來，共有數以百計的老師受過訓練。

最初這種其他解決問題的辦法與行為後果的思考技巧被稱為「人際問題認知解決法」——我覺得這個名稱太拗口了。有天夜裡，我躺在床上，靈感來了。這些字的起首字母可以代表「我能解決問題」。在我正式推介這個方法的第一天，有個小男孩打人，而被打的那個小男孩，既大聲又清楚地說出，「他沒有用『我能解決問題』的方法」。就這樣，我的訓練課程有了正式的名稱。

到底我們從研究中發現了什麼？

第一，在幼兒園時期受過「我能解決問題」訓練的孩子，他們解決問題的能力，比起另一組背景相當，卻沒有受過訓練的孩子，進步更多。

第二，這些在「我能解決問題」技巧上有增長的的孩子，最能減少自己衝動的行為（impulsive behavior）與不當的行為（inhibited behavior）。而他們在一、兩年後重新測試時，仍然保有這種優勢。

第三，沒有表現出行為問題，但學習過「我能解決問題」方法的小班和中班的幼兒，到了幼稚園大班時期就比較不會出現偏差行為。（這一點非常重要，因為這表示，不管一個孩子解決問題的能力有多好，他們仍然可以精益求精。也許這是因為這種需要彈性思考的思考模式有潛移默化之功。）

因為我們的努力獲得了很正面的結果，於是我們決定要讓這套計畫徹底發揚光大。我將內容從新修改過，讓家長能夠在家中使用這套教材，教導個別的孩童（雖然父母也可以用這套教材教導一個以上的孩子）。我們發現，不但家長能夠成功地在家教導自己的孩子；並且，當孩子的老師在學校裡為孩子做評量時，這個孩子也能在學校裡運用他新近學會的思考技巧。

我們最新的研究更顯示，除了行為上的改變，從小學一年級開始，受過「我能解決問題」訓練的孩子在學業成績上也有較佳的表現。這可能是因為一旦孩子的行為經由「我能解決問題」的思惟技巧協調過，有改進，這些孩子就比較容易接受課堂中課業導向（task-oriented）的指導，從而他們在校的表現也比較優秀。

的確，學會思考自己和別人的人際關係的孩子，一般而言，在生活中有較佳的表現。花一點時間想想，在你的親友，和同事間，那些經常不快樂、易怒、壓抑，或表現暴躁的人：

＊那些會因為子女不聽話就還以言語或肢體暴力的父母

＊那些因為彼此無法互相妥協就離婚的夫妻

＊那些因為無法抗拒同儕壓力（peer pressure）就濫用藥物和酒精的青少年

＊那些用暴力或自我毀滅的行為來面對挫折的年輕人

我敢說，這些人極可能從來都沒有學會，如何在有麻煩的狀況下，好好處理人際問題。

現在，再想想那些同樣掙扎著，想融入周遭環境，而不得快樂的孩子們。

＊一名生氣的女童，因為想要回自己的玩具而咬了朋友一口

＊一名五歲的男孩，因為父母沒有立刻答應他的要求而囉唆、哭鬧不休

＊一名害羞的六歲女童，因為經常受到外向同學找麻煩而畏縮不前

我們的研究顯示，如果孩子能夠學會解決尋常的日常難題，他們就比較不容易變成衝動、冷漠、畏縮、具侵略性和有反社會傾向。這些結論也獲得史匹瓦克和舒爾（Shure）在他們發表於《人際的認知性解決問題方法與臨床理論》（Interpersonal Cognitive Problem-Solving and Clinical Theory）一書中其他研究的支持。對這些行為防患於未然十分要緊，因為根據帕克（Parker）與亞瑟（Asher）在《同儕關係與未來的人際調適》（Peer relations and Later Personal Adjustment）論文中表示，研究發現，這些行為會導致後來一些更為嚴重的問題——像是精神病理上的問題（Psychopathology）、濫用毒品、犯罪、青少年懷孕，及學業表現低劣，或者甚至會有極端暴力和反社會的行為表現，如同我們在洛杉磯（Los Angles）暴動中所目睹的一般。而過度退縮的兒童，根據區克（Cheek et al.）等人在《青少年的害羞現象》（Adolescent Shyness）論文中發現，有可能演變成後來生活上孤單、自尊心低落，以及憂鬱的情況。

雖然教育界和臨床工作者一直以來都肯定，解除情緒上的壓力可以幫助一個人有正確思考這種想法，但是「我能解決問題」的理論卻持相反的看法——能夠正確思考的能力會幫助解除一個人情緒上的壓力。顯然，長期看來，要兒童學會如何思考他們在人際相處中所遭遇的問題是很重要的。

我相信當你使用「我能解決問題」課程時會發現，這個方法讓你和孩子立刻受益。

「我能解決問題」的訓練能夠幫助你：

＊提高警覺，知道孩子的想法可能與你不同；

＊發現，從長期來看，幫助孩子徹底思考問題，可能更勝於馬上制止孩子的行為；

＊做為孩子解決問題思考的榜樣——做為一位具有思考力的家長，你會鼓勵孩子多思考。

「我能解決問題」的訓練能夠幫助孩子：

＊面對人際問題時，能夠思考下一步該怎麼做；

＊面對問題時，能思考不同的解決之道；

＊思考自己行為的後果；

＊決定一個想法的優劣；

＊知道別人有感受，也能思考自己的感受。

理學（Division of Clinical Psychology Section），兒童心理學（Child Psychology），以及兒童、青少年及家庭服務部門（Division of Child, Youth, and Family Services）之下的模範計畫小組（Task Force on model programs）也選擇「我能解決問題」做為全國的模範防治計畫。

《培養會思考的小孩》是根據我們的研究，與七歲以下兒童父母的實務經驗所得。我深深體認到這套解決問題的方法有多麼特別，我也深知家長在家中教導孩子解決人際問題的技巧有多麼容易。而現在，我將這套「我能解決問題」課程推薦給您。

米娜・舒爾博士

嶄新的思維技巧 —「我能解決問題」

目錄

第5章 尋找不同解決問題的方案 128

第6章 考慮行為的後果 164

第二部 資源整合

幫助孩子思考問題

第1章 如何思考，而非思考什麼

當孩子不斷要求、蠻橫無理、哭鬧不休時，你怎麼辦？
當孩子打人、搶別人玩具時，你如何處理？
當孩子不聽話、不按照指示行事，你能說些什麼？

你大概有很多辦法來處理這種種行為。你可能會為孩子示範、教導孩子較為合宜的行為表現。有些時候，你可能選擇對眼前的問題置之不理；有些時候，你可能會告訴孩子，何事可行，何事不宜，甚至再加上一番解釋。當我在幼稚園做老師的時候，這些方法我都試過。多數時候，沒有一樣方法見效。現在我相信，這些方法之所以無效，是因為一個非常簡單的理由：因為我代替這些孩子思考。我們大家都喜歡有思考自己事情的自由。而我學到了，如果孩子擁有思考技巧的話，他們也不例外。

在本書的字裡行間，你會看見我對提升有益、負責任行為的想法，超越了只注重行為的層面，如何思考，其實是同等重要的，因為我們的所思所想會影響我們的所作所為。我的方法讓孩子對解決問題有所認識。這個方法最重要的特色是，我們不教孩子該想什麼或是做些什麼，我們教導孩子如何思考問題，所以他們能夠自己決定該做什麼，不該做什麼，理由何在。我會談到一種非常特別的思維方式，可以幫忙解決一些，會影響孩子和人相處，普遍而尋常的問題。而且我會讓你看見，即使是年紀很小的孩子，也能夠學會解決自己的人際問題；孩子透過一個我稱為「我能解決問題」的課程，來練習一系列的思考技巧。

認識一個參與「我能解決問題」課程的家庭

在本書中，我們會追蹤一個家庭，看他們度過「我能解決問題」課程中的各個階段。這個家庭是我多年來合作過的許多真實家庭的合影。在一個家庭中，不同孩子在解決問題的能力上有所差異，不足為奇。由於包括過去生活經驗、父母教養形態、以及孩子本身個性等因素，所加起來的影響，孩子在解決問題的能力上，以及在從頭到尾思考一個問題的傾向上，的確有極為顯著的差異。你在書中所見的這個家庭就是呈現這些個別差異的一個好例子。

愛麗森不至遭受挫折與失敗。

我們經過多年廣泛的研究發現，早在四歲，有時候甚至三歲大的時候，善於解決問題的孩子，能夠從失敗的經驗中恢復，而且思考其他的方法，來達到他們所想的。當他們無法得到想要的東西時，他們也比較能夠調適自己的挫折感。當他們受挫時，他們可以找到別的事情做，因此，他們的母親也無須告訴他們，該怎麼辦——他們可以為自己思考。這不但使得這些孩子比較不會打擾別人，苛求別人，別人也同樣比較不會對他們嘮叨、強求。

這就是「我能解決問題」課程的目標：**教導那些現在還不太會解決問題的孩子解決問題的技巧，並且鼓勵那些表現出足夠解決問題技巧的孩子繼續培養這些技巧。**即使是優秀的解決問題者也能精益求精，並且能把他們的天然本性，轉換成一種解決問題的習慣，這樣就能避免日後的人際衝突。

為闡明家長如何能夠教導孩子解決問題的技巧，我們將會繼續追蹤亞歷斯和愛麗森，看他們學習、練習，並且運用這套解決問題的方法。我們也會看到他們兩歲大的弟弟彼得（Peter）很快就要加入訓練。我們還會認識愛麗森的朋友唐妮雅（Tanya）。唐妮雅的媽媽發現，這套解決問題的方法，能夠幫助她那個出門在外會感到害羞不前的孩子，在面對別的孩子時，變得比較不尷尬、不膽怯。我們會看到這套解決問題的方法，怎樣幫忙建立唐妮雅在社交上的自信，讓她能夠中途加入，和其他孩子一起玩耍。經由這些孩子的經驗，我們可以看見，如何藉由反覆使用解決問題的關鍵詞彙、經由孩子對自己及他人情感的敏銳性，加上尋求多種解決問題的辦法，及考量行為的後果，來塑造一個孩子的思維技巧。

最後，我們會看到，當孩子面對人際問題時，這種思維過程如何幫助孩子自省。

當亞歷斯及愛麗森的媽媽瑪麗（Marie）開始在家裡採行這套「我能解決問題」的方法，讓孩子自我思考的想法令她頗為憂心。她擔心孩子們無法想到「正確的」解決方法。後來看見這套方法頗為有效才加入的父親，也有同樣的憂慮。如同我對其他有相同顧慮的家長所說的，我告訴他們，這套「我能解決問題」教材的重點，並不在於「正確」解決當下的問題，而是要幫助孩子，練習思考解決問題的過程，所以當他們以後遇到新的問題時，他們能夠處理所遇到的問題。這樣的強調很重要，因為，如果你一直告訴孩子該怎麼做，他們就沒有機會去思考和探索其他的方法。

讓我們看看，亞歷斯的媽媽在開始這套課程以前，是如何跟他講話。亞歷斯帶了自己的磁鐵到學校去，後來，當他從朋友強納生手上把它搶回來的時候，就為自己惹上麻煩。（你可能會發現，以下的解釋和你會用來為自己辯解的話很相像。）

媽媽：「亞歷斯，老師告訴我，你又搶別人的玩具了。你為什麼這樣子？」

亞歷斯：「因為應該輪到我玩了。」

媽媽：「你應該和朋友一起玩，或是兩個人輪流玩。搶玩具很不好。」

亞歷斯；「但是那是我的玩具。」

媽媽：「你應該學會和別人分享你的玩具。如果你不打算和別人一起玩，你就不應該帶玩具到學校去。強納生生氣了，他不會再跟你做朋友了。」

亞歷斯：「但是，媽媽，他就是不給我那個玩具。」

媽媽：「你不能到處搶別人手上的東西。如果強納生搶你的東西，你會高興嗎？」

亞歷斯：「不會。」

媽媽：「明天去向他道歉。」

在這場對話中，亞歷斯的媽媽絕對沒有留下任何讓亞歷斯做出「錯誤」決定的空間。她問亞歷斯為什麼搶玩具，但卻沒有傾聽他的回答。她說明亞歷斯行為的後果，然後告訴亞歷斯該怎麼做——第一，要和別人分享玩具；第二，要道歉。亞歷斯的媽媽定意要孩子學會和人分享，所以，她一個人包辦了所有的思考與表達。

從教導孩子運用「我能解決問題」方法的工作中，我發現，在富有技巧，又給予適當機會的情況下，因為受過訓練的父母採用不同的角度來看問題，受過解決問題訓練的孩子就不太會選擇「錯誤」的解決方法。這些父母會教導孩子一套思維技巧，來幫助孩子找出問題所在，然後看看自己和別人對所要採取的行動有何感受，預估下一步會發生的事情，而且意識到，不是只有一種方法能解決眼前的問題。當孩子學會這樣做以後，我發現，孩子通常會選擇對自己和別人都比較不會造成負面後果的解決方法。

成果

讓我們看看亞歷斯的媽媽，在成為「我能解決問題」媽媽之後，如何幫助兒女思考這個搶玩具的問題。

媽媽：「亞歷斯，老師告訴我，你又搶別人玩具了。告訴我，是怎麼一回事。」

（媽媽幫助孩子界定問題）

亞歷斯：「強納生完我的磁鐵玩具，他不還給我。」

媽媽：「你為什麼在那個時候想把玩具要回來呢？」

亞歷斯：「因為他已經玩很久了。」

從這裡，亞歷斯的媽媽得知一件在她一味要求孩子分享玩具時無法得知的事情。她學到了，從她兒子的角度來看，他認為自己已經讓別人玩他的玩具了。現在，問題的本質似乎有所不同了。這場對話繼續進行。

媽媽：「你把玩具這樣搶走，你想強納生會有什麼感覺？」

（媽媽幫助孩子想到其他孩子的感受。）

亞歷斯：「很生氣，但是我不管；那是我的玩具。」

媽媽：「你把玩具搶過來時，強納生有什麼反應？」

（媽媽幫助孩子思考自己行為的後果。）

亞歷斯：「他打我。」

媽媽：「那你感覺如何？」

（媽媽幫助孩子也思考自己的感受。）

亞歷斯：「很生氣。」

媽媽：「你很生氣，你的朋友也很生氣，然後他打了你。你能不能想其他的辦法來拿回玩具，讓你和朋友都不會生氣，並且強納生不會動手打你？」

亞歷斯：「我可以用問的。」

媽媽：「這樣做的話，接下來可能會怎樣？」

（媽媽也引導孩子思考正面行為的後果。）

亞歷斯：「他會說不要。」

媽媽：「他可能會說不要。那你還能想到其他辦法來要回你的玩具嗎？」

（媽媽繼續專注在孩子的問題上，鼓勵孩子想更多辦法。）

亞歷斯：「我可以讓他玩我的火柴盒小汽車。」

媽媽：「你很會想喔，你想到兩種不同的辦法了。」

這一次，亞歷斯的媽媽沒有從她自己的觀點，試圖用「正確」的方式來解決問題。她既沒有告訴孩子要和別人分享，甚至也沒有解釋為什麼亞歷斯不應該搶玩具。事實上，就在她問亞歷斯為什麼必須把玩具拿回來的那個時刻，她的重點已經從問題在於亞歷斯搶玩具轉換成，亞歷斯搶玩具是為了解決另一個問題——亞歷斯如何能夠要回自己的玩具。

亞歷斯的媽媽幫助他想到自己以及他人的感受、想到自己行為的後果，也思考他是否還有其他對策。這位媽媽教導孩子如何思考，而不是思考的內容。她使用一種解決問題的對話方式——這種方式，我稱之為「我能解決問題」的對話方式。

我知道你一定常常覺得孩子不聽父母的話，但是從亞歷斯和媽媽的第一次對話中顯示，孩子一定也常常覺得沒有人聽他們說話。當孩子試圖解決某個問題（就這次的事件而言是：「我和朋友分享我的玩具，現在我想把玩具拿回來了。」），而母親卻試著解決另一個問題時（「我的孩子一定要學會和別人分享玩具。」），似乎所有的說教、要求甚至解釋，到頭來都讓親子雙方備感挫折。雖然亞歷斯還無法直接訴諸言語的表達，但是，他現在開始感到，「有人關心我的感覺，有人在乎我的想法。」

這個例子勾勒出一幅完整的「我能解決問題」對話，其中包含了完整的思考步驟。即使是這樣詳盡的討論，也不會比和孩子爭吵、辯論、或是冗長的解釋更花時間，更何況，孩子對後者也總是充耳不聞罷。甚且，運用完整的對話方式，在經過一段時間以後，和我一起合作的多數家長發現，他們不必每次都得經歷全部的步驟。有一次，當亞歷斯打他的朋友，媽媽只消問他，**「這是一個好主意嗎？」「你能夠想到不同的辦法來解決你的問題嗎？」**這樣快速提醒的對話，就足以幫助亞歷斯思考另一個更正面的方法來解決問題。

亞歷斯和他媽媽是如何辦到的呢？讓我們翻到下一章，看看這一切是如何開始的。

第2章 文字遊戲

「我能解決問題」的課程不過就是，用一種能夠幫助孩子好好思考問題的方式，來和孩子交談。本章會討論六組構成「我能解決問題」對話基礎的詞彙：**是／不是（IS/ IS NOT）**、**和／或是（AND/ OR）**、**有些／全部（SOME/ All）**、**之前／之後（BEFORE/ AFTER）**、**現在／晚一點**（等一下）**（NOW/ LATER）**、**相同／不同（SAME/ DIFFERENT）**。

雖然你的孩子可能對全部，或是多數的詞彙都很熟悉，但這些詞彙在「我能解決問題」的課程中有著特殊的使用方式，我們會在書中，經由玩遊戲的方式，向大家介紹。當你一開始對孩子說：「媽媽**是**一位淑女，而**不是**一隻小貓。」還有，「我們的腳丫子看起來**相同**，但是腳的尺寸**不同**。」或者，甚至當你說出：「你認為我應該在吃香蕉**之前**還是吃香蕉**之後**把香蕉皮剝掉？」，孩子會哄然大笑。

用遊戲的方式來介紹這些詞彙是因為，當孩子學習把特定用語與遊戲相結合時，他們在解決爭議時，也會比較容易使用這些詞彙。舉例而言，這些詞彙組合能幫助孩子思考，某個想法**是個**好主意，或是，那**不是個**好主意，思考在發生爭吵之前發生了什麼事，以及到底「對方打你，是在你動手打他之前或是**之後**」當孩子們把「不同」這個詞和有趣味連結在一起的時候，他們就會喜歡去思考「**不同**」解決問題的辦法。當他們懂得以後這個詞的時候，他們就比較願意等待到**以後**。

介紹解決問題所用的詞彙

瑪麗為子女介紹「我能解決問題」詞彙的方法，會讓你對如何在家中教導這些解決問題的用語有一點概念。但是，在你開始使用每組詞彙的時候，你也可以自由創作自己的遊戲，並且配合孩子來進行。

瑪麗決定趁愛麗森上學的時間，讓她四歲大的兒子亞歷斯認識「我能解決問題」的方法。（當愛麗森不在的時候，亞歷斯似乎比較能夠集中注意力。而且瑪麗知道，等亞歷斯後來告訴姊姊關於「我能解決問題」方法的時候，他會很開心。）「有時候我們可以玩一個叫做『我能解決問題』的遊戲」，瑪麗告訴亞歷斯。因為亞歷斯很喜歡和媽媽相處，所以他馬上就愛上這個好主意。

「這些遊戲會幫助你和愛麗森以及你自己的朋友，玩得更開心。」媽媽繼續說。「這些遊戲會幫忙你想到不同的辦法，使愛麗森讓你玩她的玩具、讓她不找你麻煩、也讓你能夠解決自己的問題，不用依賴媽媽。這主意聽起來很不錯吧？」

亞歷斯十分贊同：「我們開始玩！」

◎是／不是

是／**不是**的詞組，對於像亞歷斯這種四歲大的孩子來說，是很容易理解的。甚至他那兩歲大的弟弟彼得，也可以參加。

「我先開始：亞歷斯**是**一個男孩；他**不是**一個氣球，對嗎？」瑪麗發問，強調「我能解決問題」的詞彙。

亞歷斯笑了起來。

「亞歷斯還**不是**什麼？亞歷斯**不是**……」

「我**不是**一間房子！」亞歷斯咯咯笑。

「對了，你還**不是**什麼？」

「**不是**一隻小兔子。」

「我**不是**一隻小兔子。」彼得跟著哥哥說。

「我**不是**一條魚。」亞歷斯說。

「我也**不是**一條魚。」彼得笑著說。

「我不是一根電線桿。」亞歷斯聲明。

就這樣，第一次嘗試玩「我能解決問題」的遊戲，有一個好的開始。很棒的是，亞歷斯並不想停止玩；他在客廳裡蹦蹦跳跳，一邊指著各種物品，一邊喊著：「這**不是**一隻蝴蝶。」、「這**不是**一輛卡車。」、「這**不是**一隻蟲。」瑪麗很高興看見孩子這麼興奮，她也發現，這些文字遊戲可以隨時隨地，輕輕鬆鬆來玩。

◎和／或是

那天後來在雜貨店裡，亞歷斯和媽媽繼續玩**是**／**不是**的遊戲，並且還增加了**和**／**或是**的詞組。和跟**或是**是我們在思考多種解決問題的方法時，會使用到的概念。「這是一個橘子，」媽媽說：「**不是**冰淇淋」當亞歷斯發現這是「我能解決問題」遊戲中的詞彙時，他靈光一閃：「這也**不是**一個……玩具！」他馬上加入這場文字遊戲。

「對！現在讓我們想想，我應該買橘子**或是**買蘋果，**或是**，我應該買橘子**和**蘋果？」

「呀！媽媽，買蘋果和橘子。」

「好啊，不過我只能選一種果汁。我應該買葡萄柚汁或是買蔓越莓汁？」

「兩種都買！」

「不行，我今天必須選擇買這一種或是買另一種。」

亞歷斯開始對著媽媽大叫：「不行，我兩種都要！兩種都買！」

「亞歷斯，注意聽我們正在玩的遊戲。」媽媽堅持，試著得到亞歷斯的注意力。

「你可以告訴我，葡萄柚汁**是**你想要的**或不是**你想要的。現在可以告訴我。」

熟悉的「我能解決問題」詞彙似乎幫助亞歷斯從胡鬧中安靜下來。他還是噘著嘴，但是已經安份許多，他推了一下葡萄柚汁的紙盒說：「我不要這種。」

「很棒，你選擇了你想要的果汁。我們就買蔓越莓汁。」

瑪麗希望，熟識**「或是」**和**「和」**，這些「我能解決問題」詞彙，在以後能夠幫助孩子思考解決問題的各種辦法，而不是一想到什麼衝動的主意，就一頭栽進去。

找時間進行「我能解決問題」訓練

在每日的例行作息中就能玩這些文字遊戲讓瑪麗明白，她無需擔心原有的顧慮。當一開始接觸「我能解決問題」課程時，瑪麗對我說：「我沒有時間和孩子一起進行任何按計畫進行的教育課程。」我欣然告訴她，「我能解決問題」的教導方式最實際的一點就是，它深具彈性。這個課程由隨時隨地可玩的文字遊戲入門——在車裡、超市、晚餐桌旁、和孩子玩或是講故事時——任何你和孩子日常同在的地方。當孩子遇到困難情境時，像是在每個家庭都會遇到的尋常事件：打小朋友、以哭鬧不休來引人注目、打斷大人談話、在學校不守規矩、手足相爭之類的，此時，這些遊戲的概念會被轉化為你們所使用的對話。

「我能解決問題」的對話沒有太過正式、要求嚴格、要花時間的地方。它們原來就是設計讓人能在日常作息中應用。這對瑪麗而言，是最重要的一點，因為正如她說的：「我沒有時間做一位超級媽媽。」打從一開始，瑪麗就問我：「老實說，如果我能讓孩子按時起床、穿衣服，吃飽飯，我的早晨就功成圓滿了。孩子放學以後，我忙家事，再加上孩子有幼童軍的聚會、運動團隊的練習，我還得買菜；這些事情結束以後，我們得要做功課、吃晚飯、洗澡、上床睡覺。我這麼忙的時間表裡，還有可能擠進『我能解決問題』的課程嗎？」

隨著我們一步步的介紹，你會發現，即使是最忙碌不堪的日程表，「我能解決問題」的課程也能配合。如果你喜歡，你可以挪出一段特別的時間來玩遊戲，做活動，但是你也可以把它融入日常生活作息中。

玩更多文字遊戲

那天晚上，亞歷斯想告訴愛麗森這個新遊戲。「媽媽！」亞歷斯大聲叫著。「告訴愛麗森那個**是／不是**的遊戲。」

「那個遊戲叫做」媽媽邊笑著說，「我能夠解決問題的遊戲。讓我們簡稱為『我能解決問題』。」

「怎麼玩？」愛麗森好奇的問。

「嗯，開始是玩文字遊戲」媽媽說，「這樣吧，讓我們用彼得的故事書來說明。看看這幅瑪麗和小羊的圖畫。彼得，告訴我們哪一幅圖畫**是**小羊？」

當彼得用手指指著小羊，媽媽就稱讚他，然後繼續玩。「很好，亞歷斯，現在告訴我，學校**是**小羊去的地方或是學校**不是**小羊去的地方？」

「**不是！**」亞歷斯大聲說。

「對了，現在把小女孩**和**小羊找出來。」

亞歷斯指著女孩和羊。

「好棒，現在用手指著小女孩子的圖片或是指著小羊的圖片。」

亞歷斯用手指著圖片，並且轉過頭去，很得意的對著愛麗森笑。

「太簡單了。」愛麗森邊說邊走開。

「等一等」媽媽說，「愛麗森，你試試看，看著圖片告訴我，瑪麗是穿著洋裝和戴著帽子，或是，她穿洋裝但是沒有戴帽子？」

想了想媽媽要她選擇的問題，愛麗森不解地看著媽媽，「什麼意思？」

「慢慢想，決定一下，瑪麗**是**穿洋裝**和**戴帽子，**或是**，她穿洋裝但**不是**戴著帽子。」

「她穿洋裝**和**戴帽子。」

「對了，你看，如果你把問題仔細想清楚，你就會選擇對的答案。那再試試這個問題：小羊**是**站在瑪麗和學校旁邊，**或是**，小羊站在瑪麗旁邊。但**不是**在學校旁邊？」

這次愛麗森回答得比較快些。「它站在瑪麗**和**學校旁邊。」

愛麗森的媽媽為了愛麗森的緣故而改變了問題的複雜性，因為這個遊戲必須讓孩子覺得有趣，而且必須讓孩子在回答問題以前想一想。熟悉這些詞彙能夠讓孩子在試圖解決問題以前，先思考一下。孩子可以說：「我可以這樣做**或是**那樣做，來解決這個問題。也許我可以這麼辦**和**那麼辦。我想我要這麼做，但不要那麼做。」這樣，他們就可以學習考量不同的選項，

亞歷斯聽愛麗森玩這個遊戲，漸感不耐，很快就站起來，對媽媽嚷嚷說：「輪到我了。」

「亞歷斯，這樣**是**要求玩遊戲的好方法，**或是**，這**不是**一個好方法？」

亞歷斯聽得出來，就笑了，他承認，這**不是**一個好方法。

「好了，」媽媽說，「時間不早了，我們可以繼續玩這個遊戲，**或是**你們可以看一點電視。」

「如果我們現在看電視，明天能不能再玩文字遊戲？」亞歷斯問道。

「可以。」媽媽保證。

「我也可以玩嗎？」愛麗森問。

「哦，當然。明天我還有更多文字遊戲可以和你們兩個人玩。」

「好，」亞歷斯鬆了一口氣，做出選擇，「我現在要看電視。」

完成任務了。開始「我能解決問題」課程的第一天，亞歷斯在沒有引發爭執的情況下做出決定，而愛麗森也有意思要繼續玩這個遊戲。從這個遊戲中，你可以看到，瑪麗和孩子一起玩。你可以一邊教導孩子文字的意含，一邊和孩子玩耍。

最好要在應用這些詞彙去解決問題以前，就和孩子玩這些文字遊戲，特別是當孩子年紀還小，或是孩子還不懂得這些「我能解決問題」的詞彙以前。下面的例子會讓你知道，該怎麼開始教孩子認識其他的「我能解決問題」的詞彙。然後你自己就可以在為孩子唸童書繪本、看雜誌、玩玩偶和洋娃娃、為畫圖本塗顏色，以及在看電視的時候，想出更多的文字遊戲。幾乎所有孩子喜歡玩的遊戲，都可以用來練習「我能解決問題」的詞彙。

◎一些／全部

一些和**全部**這兩個詞組，在以後可以幫助孩子了解，一個解決問題的辦法可能有時候有用，卻不見得會永遠奏效。你可以用下面的圖片，或是其他雜誌上的圖片來介紹這兩個詞組。和孩子一起看這幅圖畫，告訴孩子：

「我要指出**全部**手裡拿著東西的小孩。」

「現在我正指著一些手裡拿東西的小孩。」

當你和孩子談論圖片的時候，繼續指出**這些**／**全部**這個詞組，直到你確定他們了解這些字的概念。然後你可以問問孩子類似這樣的問題：

「**全部**的孩子都戴帽子，還是只有一些孩子戴帽子？」

「**全部**的孩子都站著，還是有一些孩子站著？」

「把**不是**站著的孩子**全部**指出來。」

「現在仔細看圖片中的女生，是**全部**的女生都穿裙子，**或是**，一些女生穿裙子？」

「指出一位**不是**穿裙子的女生。」

愛麗森最愛玩的一**些**／**全部**的遊戲是她和媽媽一起在花園裡工作時，她自己發明的：

「**全部**的花都是紅色的嗎？」她問媽媽。

「不是。」媽媽笑著回答，意識到這是一個「我能解決問題」的遊戲。

「答對了」愛麗森認可。「有一些花是粉紅色的，有**一些**花是黃色的。但是**全部**的豌豆都是綠色的，對不對？」

當亞歷斯向著花園跑去的時候，正好聽到愛麗森的遊戲，他就自己想出一個點子。「**全部**的番茄醬都是紅色的，對嗎？」他得意的大叫。

所以，就這樣，愛麗森、亞歷斯，加上媽媽，繼續發明新的方法來練習「我能解決問題」的詞彙。

◎之前／之後

之前和**之後**是形成行為後果思考（consequential thinking）的必要概念；它們能夠讓孩子明白，「我打了他**之後**，他罵我。」

當你做家事時，你可以用任何一件兩段式過程的事物來教導孩子這個概念：準備一碗喜瑞爾、刷牙、鋪床，甚至是倒一杯水：

家長：「今天玩的文字遊戲是**之前**和**之後**。現在仔細看著我，我要開水龍頭了，我先轉水龍頭，看看再來會發生什麼事。看著，我現在把杯子放到水龍頭下面，把水裝進杯子裡。」

好了，首先，我轉開水龍頭。然後，我把水裝進杯子裡，我裝水**之前**先把水龍頭打開。我先開水龍頭。裝水**之前**我有沒有先轉開水龍頭（做轉開水龍頭的動作）？」

孩子：（回答）

家長：「有的，**之前**，我轉開水龍頭。然後，接下來發生什麼事？」

孩子：（回答）

家長：「我把水裝進杯子裡。轉開水龍頭之後，我把杯子裝滿水。**之後**，就是接下來會發生的事。我有沒有在轉開水龍頭**之後**把水裝進杯子裡？」

孩子：（回答）

家長：「很好！」

◎現在／晚一點（等一下）

「現在」和「晚一點」（等一下）是在孩子無法立即擁有所想要的事物時，可以用來幫助他們處理所感受到的挫折感。這兩個詞彙幫助孩子學習等待，以利他們思考。「我**現在**不能拿那個玩具，但是我**晚一點**就能玩。」以下的對話能讓你知道，要如何確定孩子了解這些概念。

家長：「我們**現在**正在玩『我能解決問題』的文字遊戲。我們現在在做什麼？」

小孩：（回答）

家長：「對，我們**現在**在玩『我能解決問題』的遊戲。晚一點就是睡覺時間了。**現在**是上床時間或是**晚一點**是上床時間？」

小孩：（回答）

家長：「我們在上床**之前**或是上床**之後**玩『我能解決問題』的遊戲？」

小孩：（回答）

家長：「對。是**之前**。那我們是在玩『我能解決問題』的遊戲**之前**或是**之後**上床睡覺呢？」

小孩：（回答）

家長：「對了，是**之後**。我們**晚一點**就要去睡覺。」

這些文字遊戲應該是很好玩。想辦法把遊戲融入日常生活中，在你為孩子唸床邊故事，或是當他們在畫畫的時候，你可以問些類似的問題。你可以請孩子把全部的花（或其他事物）塗上顏色。你也可以問孩子，野狼是在小豬蓋好房子**之前**或是**之後**去敲門。早晨，你可以問孩子，你應該現在煮晚飯或是**晚一點**。

◎相同／不同

相同和**不同**，這兩個解決問題的詞組，能夠幫助孩子思考，「**不同**」的人對「**相同**」的事物會有「**不同**」的感受。並且，他們也會學到，**相同**的一個問題會有**不同**的解決方法。

對孩子指出房間裡面兩件有著**相同**顏色的東西來開始這個文字遊戲。

指出兩件圓的東西。

指出兩件重得拿不動的東西。

然後對孩子宣布：「好了，今天的『我能解決問題』遊戲是『相同』和『不同』這兩個詞。」

「我會指出兩樣東西，你們告訴我這兩樣東西的相同之處。」

（如：指出兩件**相同**顏色的東西。）

「你們能猜出這兩件東西**相同**的地方？」

（繼續指出兩件有**相同**形狀、**相同**尺寸、**相同**重量等等的東西。）

「現在，你指出兩件在某方面**相同**的東西，然後我來猜猜它們哪裡相同。」

（如果喜歡的話，你可以把有**相同**性質東西的數目增加到三件。）

一個星期六的午後，愛麗森的朋友唐妮雅來家裡玩。唐妮雅很害羞，在新的環境或是她不習慣的地方，她常常會變得畏縮，一言不發。愛麗森的媽媽注意到，在愛麗森和唐妮雅的相處中，愛麗森總是比較強勢。事實上，愛麗森已經養成老是替唐妮雅發言的習慣。當瑪麗在我主持的家長座談會第一次接觸到「我能解決問題」的課程

時，她就想到了唐妮雅的問題。那時我曾提到，容易退縮的孩子對這套解決問題的方法，反應良好，因為這套方法讓他們有恰當的語言和思考，這是他們為自己發言時所需要的。我也提到，把文字遊戲和肢體運動的遊戲相結合，對於好動、害羞、沒有反應的孩子特別有效。因為亞歷斯很好動，而唐妮亞很害羞，所以瑪麗想到用下述的肢體運動遊戲，來玩**相同**和**不同**的文字遊戲。

「我把手舉起來，現在，我又把手舉起來，我剛剛做了**相同**的動作，我把手舉起來。」

「現在我要做**不同**的動作，我要用手拍拍膝蓋（手拍膝蓋），你看，拍拍膝蓋

（繼續拍膝）和舉手（舉起手來）**不同**。」

「拍拍膝蓋（做動作）是不是和把手舉高（做動作）**不同**？」

（孩子回答）

「對了，它們**不同**。拍膝蓋和舉手並**不相同**。」

「我拍拍膝蓋（做動作），你能夠做**相同**的動作嗎？（讓孩子回應）太好了，我們做**相同**的動作。」

（對沒有反應的孩子，可以說：「讓我們一起做動作」來鼓勵他。把動作做得很

誇張、很明顯。）

「你可不可以做和拍膝蓋**不同**的動作？」（讓孩子回應）「很好，你在（說出動作的名稱），這和拍膝蓋**不同**。」

「現在，讓我繼續玩**相同**和**不同**的遊戲。現在我用力踏步（雙腳踏步），用力踏步和用手拍頭**相同**嗎？（讓孩子回應）**不同**的，雙腳踏步和用手拍頭並**不相同**。那是——（讓孩子說出**不同**。也許需要讓孩子在**相同**或是**不同**之間做選擇，起碼在剛開始玩這個遊戲的時候。）很棒！他們是**不同**的。」

「現在讓我們換一個遊戲。現在我用手繞圈圈，你們可以做出和我**不同**的動作嗎？做一個**不同**的動作。」（讓孩子回應）

「很好，你在——（說出孩子的動作）。那跟我手繞圓圈是**不同**的。」

（在孩子還有興趣的情況下繼續玩，有時候要孩子做和你**相同**的動作，有時候叫他們做和你**不同**的動作。）

因為亞歷斯、彼得、愛麗森，和唐妮雅都一起玩這個遊戲，所以瑪麗讓每個孩子輪流發號司令。做領袖的人先做一個動作，然後要其他人做出**相同**或是**不同**的動作。

輪到唐妮雅做領袖時，成為眾人注目的焦點讓她覺得很不好意思，於是她低著頭，準備走掉。瑪麗趕忙回來，重新加入遊戲，並且宣布：「大家看，唐妮雅在走路，讓我們做**相同**的動作。」當大家都站起來走來走去時，唐妮雅露出好大一個笑容，而且改變動作，蹦蹦跳了起來，咯咯笑著，讓每個人學著她的動作。

隔天，瑪麗知道孩子已經可以嘗試更複雜一點的方法來玩**相同**、**不同**的遊戲。這次她還是用生動的方式讓亞歷斯感到興趣。

「嗨，亞歷斯，你看，」媽媽這樣起頭，「我在同一時間可以做兩件事情。我可以把手舉高，而且我的腳可以用力踏步。你可以在同一時間做兩件事情嗎？」

「可以啊！」亞歷斯扯開嗓門大聲說，「我可以同時跳來跳去並大聲叫。」

「對啊，你當然辦得到。」媽媽笑著說。「再想兩件你可以同時做的事情。愛麗森，妳可以想到兩件妳不能同時做的事情嗎？」

「像是什麼事情呢？」愛麗森問道。

「像是妳不能在同一時間既蹦蹦跳跳又坐著不動。」

「媽媽，」亞歷斯打岔說，「我想彼得一定可以同時一邊跳，一邊拍手。」

「很好！」媽媽稱讚亞歷斯，「愛麗森，試試看，告訴亞歷斯兩件他沒辦法同時做的事情。」

「你不能在同一時間又翻跟斗又喝水。」

「我就可以，」亞歷斯大叫，跑著去倒水。

「等等！」媽媽叫道，「你在跟我開玩笑吧？你真的能夠同時翻跟斗喝水？」

亞歷斯微笑以對，不用媽媽告訴他，他早知道答案了。

媽媽帶著笑繼續說：「讓我們再多玩一點同時做兩件事的遊戲。我能不能在同一時間坐在椅子上講電話？」

「可以！」亞歷斯和愛麗森異口同聲說。

「那麼，愛麗森，我能不能在和別人講電話的同時又和你講話？」

「可以！」亞歷斯大叫。

「不能吧！」愛麗森回答時帶著一抹微笑。

「亞歷斯，你來回答這個問題：我能不能在煮晚飯的同時又讀故事書給你聽？」

「不可以。」亞歷斯回答。

「所以，我什麼時候可以讀書給你聽－晚飯之前或是晚飯之後？」

「**之後**。」亞歷斯得意的大聲說。

用「我能解決問題」的詞彙解決問題

這位母親每天繼續和孩子玩特別的文字遊戲，也在日常對話中持續使用這些「我能解決問題」的詞組。遇到麻煩的狀況時，重複使用這些詞組幾乎立刻就可以改變亞歷斯和愛麗森看待他們所碰到問題的方式。不再抱持負面消極的聽話態度，想去仲裁對錯，解決問題成為他們玩的另一種文字遊戲。

在他們開始玩「我能解決問題」文字遊戲的一周後，亞歷斯和愛歷森發生爭吵：

媽媽：「怎麼啦？」

亞歷斯：「我先拿到的。」

愛麗森：「我先拿到的。」

媽媽：「搶奪是把玩具拿回來的一個辦法。你搶了玩具之後，再來會發生什麼事？」

愛麗森：「我們就吵起來了。」

媽媽：「你們能不能想個不同的辦法，所以你們兩人不必吵架？」

愛麗森：「我可以告訴他怎麼玩這個玩具。」

愛歷士：「我們兩個可以一起玩。」

如果是媽媽建議愛麗森教亞歷斯怎麼玩，要他們兩人一起玩，那麼這場爭吵大概還會持續下去。「我能解決問題」的對話讓這兩個六歲和四歲大的孩子能思考他們如何解決自己的問題。當解決方法是孩子想出來的，他們通常會認為那是個好辦法。

有一天，**一些／全部**，**相同／不同**，和**現在／晚一點**這些詞組，也幫助亞歷斯更了解他的姊姊。在亞歷斯向媽媽抱怨：「愛麗森都不和我玩。」之後，媽媽說：「愛麗森現在在做功課。你想她**有些**時候能和你玩，或是**全部**的時間都能和你玩？」

「**全部**時間。」亞歷斯耍賴。

媽媽繼續說：「愛歷森能不能在同一時間，又和你玩，又寫功課？」

「我想大概不行吧。」亞歷斯回答，還是不太高興。

「你**現在**能想些**不同**的事情做嗎？」媽媽問。

亞歷斯猶豫著回答：「我去玩我的玩具車。」

「好主意！愛麗森**晚一點**可以跟你玩。」

即使是小彼得，他也很快就對使用「我能解決問題」的詞彙有所反應。有一天晚上吃晚飯的時候，彼得邊吃邊玩，不亦樂乎，即使他知道爸媽不准他用手拿東西吃，他還是照做不誤。媽媽忍住想要動怒斥責彼得的衝動，淡淡的說：「我們都用刀叉吃東西，只有彼得用手拿東西吃，彼得吃東西的方式和我們**相同**或是**不同**？」

「**不同**。」亞歷斯有點幸災樂禍。

「我沒有！」彼得大叫，「是**相同**的。」然後彼得拿起叉子，繼續吃飯。

這是多麼別出心裁又輕而易舉的方式，鼓勵彼得拿餐具進食。不管彼得是因為忘了原來進食的方式，或是故意頑皮、不聽話，用這種方式引進「我能解決問題」的方法，比起命令、建議或解釋要來得有效多了。

尋找每天使用「我能解決問題」對話的機會

這裡還有更多使用「我能解決問題」詞彙的方法，幫助孩子操作這些解決問題的概念。你也可以善用每天的機會，讓年紀還小的孩子，認識**一些**他們還不太懂得意思的字詞。例如**之前**、**之後**這兩個詞，對某些四、五歲的孩子而言，可能還是有點懵懵懂懂；這些文字遊戲可以幫助澄清這些意義。

◎吃飯時間

「這是漢堡，這不是蘋果，這也不是——。」

「這是漢堡，或是菠菜？」

「我們中間**一些**人吃了豆子，或是，我們全部的人都吃了豆子。」

「這是一根叉子（指著叉子，或拿起叉子），這是一根湯匙。它們是**相同**的東西，或是，它們有**不同**的地方？」

「你在吃香蕉**之前**或是**之後**剝香蕉皮？」

「你**晚一點**可以吃點心，但不是**不同**。」

◎在雜貨店裡

「這是一間雜貨店，不是一間玩具店，這也不是一間——。」

「這是一盒喜瑞爾，還有，這是一瓶牛奶，但這不是一瓶巧克力醬。」

「指出兩件**相同**的東西來。」

「我們**現在**在雜貨店裡，來這裡**之前**，你做了什麼事？」

「我們可能同時既在家裡又在雜貨店裡嗎？」

◎看電視時

「那個人在吃東西和講話，但是他沒有在笑，他也沒有 ______。」

「我們喜歡看**相同**的電視節目，**或是**，我們喜歡**不同**的節目？」

「我們在做功課**之前**或是**之後**看電視？」

◎在車子裡

「這**是**一輛車，**不是**一根棒棒糖。這也**不是** ______。」

「我們一邊坐車一邊講話，但我們不在走路。還有什麼其他的事情我們沒有做？我們沒有。」

「我們能不能**同時**坐車**和**講話？」

「我們能不能**同時**坐車**和**走路？」

「我們坐進車子裡面**之後**馬上做什麼？繫上 ______（安全帶）。」

◎穿衣服的時候

「你正在穿一條褲子，**或是**，你正在穿一件洋裝？」

「請把你的襪子**和**鞋子**還有**紅色上衣拿過來，但是不要拿藍色的上衣。」

「你的褲子**和**上衣的顏色，**相同**或是**不同**？」

「你在穿鞋子**之前或是之後**穿襪子？」

「你在起床**之前或是之後**穿衣服？」

「你能夠**同時**一邊躺在床上、一邊穿衣服？」

◎任何時間

「今天**是**星期二。（孩子回答），**不是**嗎？今天不是星期二？哦，今天**是**（星期六）。」

「今天**是**晴天，**不是**雨天。今天也**不是**＿＿＿＿＿。」

「你玩玩具**之前**或是**之後**，會把玩具收起來？」

「**一些**蘋果是紅色的，**一些**蘋果是綠色的。**全部**的蘋果都是紅色的嗎？」

「這個房間裡，**全部**的椅子都是綠色的嗎？」

「這個房間裡，有**一些**椅子是綠色的嗎？」

「**全部**的狗都是白色的，**或是**，有一些狗是白色的？」

「人的眼珠是什麼顏色？**全部**的人都有藍眼珠？不對，有**一些**人的眼珠是藍的，有**一些**人的眼珠是＿＿＿＿。」

對孩子行為的反應

當你的孩子和別人有互動的時候，問他們：「你做的事情（搶玩具、和別人分享等等）是個好主意，**或是**，**不是**一個好主意？」（孩子做出正面和負面行為時，都要經常問這個問題。）

當孩子吵著要得到你的注意時，告訴他們：「我**現在**不能（唸書給你聽、跟你玩，諸如此類），也許我**晚一點**能和你一起玩。你**現在**能想到**不同**的事情做嗎？」

在這種情形下，你也可以引用「同時——兩件事情」的詞句。例如，你可以問孩子：「我能同時和你講話和講電話？」孩子回答以後，你可以緊接著問：「**現在**你能想到**不同**的事情做嗎？」

當孩子必須做決定的時候，告訴他們：「你可以吃糖果，**或是**，你可以吃派，但是你不能吃糖果**和**吃派。」或是你可以說：「你可以玩**一些**玩具，但不可以玩**全部**的玩具。」

你可以列表，寫出你和孩子目前所玩過「我能解決問題」的詞組，把這張表貼在冰箱或是其他方便看到的地方，以供參考。

是／不是	之前／之後
和／或是	現在／晚一點
一些／全部	相同／不同

在日常生活中使用這些「我能解決問題」的詞組，教導孩子把這些詞組和趣味聯想在一起，並且，即使是在這麼初期的「我能解決問題」對話階段，你的孩子也能開始用解決問題的方式來思考。

了解孩子的感受

一個夏日午後，四歲大的亞歷斯遇到一個問題，他用了一個很平常，但是不顧他人感受的方法來解決。他想騎自己的腳踏車，但問題是，妹妹愛麗杰正騎著它。在毫無預警的情況下，他就把愛麗杰推下車，然後自己跳上車，揚長而去。這的確是在每個兒童玩耍的地方，經常可見的景象。很多兒童發展的專家認為，會發生這種情況是因為，年紀小的孩子無法考慮到他們的行為帶給別人的感受。而我的研究卻發現，真正的原因並非如此。即使是幼兒園中班、小班的孩子也能學習注意別人的感受，然後使用這個資訊來解決他們的人際問題。

當孩子沒有學會考慮他人的感受，成年後，他們也會把這種解決問題上的障礙，帶進他們的生活裡。以三十歲的賴瑞為例，在他上班的房屋仲介公司小辦公室裡，大家都認為，賴瑞自私自利，不太顧及別人的感受。明知道應該介紹給其他仲介的客戶，他照接不誤；在不恰當的時間和別人會面洽公，安排會議時間時，不會考慮到同

事和客戶的行事表。和賴瑞有共事經驗的人，都會被搞得氣憤莫名，因賴瑞不曾停下來思想，自己的行為帶給旁人的感受。

其實，很多像賴瑞這樣的人並不是真正自私、不顧他人感受；他們只是從來沒有學過，做決定時要考慮到別人的感受。不幸的是，因為在他們解決問題的程序中缺少了這個成分，他們的朋友因而少得可憐，他們也常常在事業升遷中，遇到瓶頸。孩子也是一樣，因為他們做事的時候不會考慮到自己行為帶給別人的感受，他們常常失去朋友，每天總會遇到一些難題。

「我能解決問題」課程中的第二個步驟是，幫助孩子在解決日常的問題時，養成考慮別人感受的習慣。一個有著像亞歷斯這種問題的孩子會學會停下來思考：「如果我不能把腳踏車要回來，我很生氣，但是，如果我把愛麗森從腳踏車上推下來，她會很生氣。」這是脫離賴瑞模式，邁向建立尋找多元解決問題辦法習慣的第一步。而多元解決問題的辦法中，也包括那些既公平又兼顧他人需要的辦法——這是一項能伴隨孩子走過青少年及成年生活的技能。

當媽媽確定亞歷斯和愛麗森已經能夠經常使用上一章所介紹的「我能解決問題」詞彙，很快辨認這些詞彙，並且在文字遊戲中運用自如，她就開始把情緒的詞彙和問題加入「我能解決問題」的對話中。解決問題時最常會用到（也是「我能解決問題」遊戲的焦點）的情緒詞彙是：高興（happy）、難過（sad）、生氣（angry）、得意（proud），以及挫折（frustrated）。

解讀畫中人物

有一天晚上，愛麗森和爸爸到學校參加聚會，媽媽把亞歷斯叫到廚房裡。（兩歲大的彼得當然也跟來了。）媽媽為他們兩人倒果汁時，邊跟他們說，他們可以用上個星期學到的「我能解決問題」詞組，玩一個和情緒相關的新遊戲。媽媽把六十九頁上的那個圖畫拿給亞歷斯看。（你可以用這幅圖畫或是其他的圖片。）媽媽要亞歷斯用**是／不是**的詞組來指認圖片中孩子的情緒。

指著那個面帶微笑的男孩子，媽媽說：「這個男孩子**面帶笑容**，你認為他高興嗎？」

「呀！」亞歷斯說，一副不感興趣的樣子。

媽媽指著一個在哭的女孩說：「這個女孩**不笑**，你想她高興嗎？」

「不高興，」亞歷斯說：「她在哭。」

「不高興。」彼得重複哥哥的話。

「你想她的感受是什麼？」

「我不知道。」

儘管亞歷斯沒有說出好答案，媽媽還是保持耐心和愉快的態度，她問道：「是**高興**嗎？」媽媽露出高興的表情，「或者，是**難過**嗎？」媽媽很誇張地做出一副悲傷的樣子。

意識到亞歷斯需要更主動參與這個遊戲，媽媽繼續說：「現在，你指出哪張圖片中的孩子是表現出**高興**的。」

亞歷斯指出有**高興**表情的孩子。

「很好，現在指出那個孩子是**不高興**的。」

亞歷斯又指向那個**高興**孩子的圖片，然後為自己搗蛋的行為，笑倒在地上。媽媽知道亞歷斯只是在和她開玩笑。

有些孩子偶爾會提出好笑、不相關，甚至是相反的答案。有些孩子會笑得歇斯底理，或是扮鬼臉。如果在你和孩子進行「我能解決問題」對話中發生這些情形的話，效法書中母親的榜樣，用正面的態度繼續課程。**生氣**或**責備**，更容易鼓勵這類的行為。當孩子更熟悉這套課程的想法時，搗蛋的行為通常就會消失。**當「愛搗蛋」的孩子有正常反應時，一定要嘉許他們的努力。**

亞歷斯、彼得，和媽媽繼續玩這個遊戲，在指出微笑和沒有微笑，哭和不哭、高興和不高興、難過和不難過的孩子的問題之間轉換著。當亞歷斯和彼得答錯時（故意與否），媽媽只是（用誇張的臉部表情）重複說出，笑著的孩子可能覺得高興，而在哭的孩子可能覺得難過，然後再問一次相同的問題。

當愛麗森和爸爸回家時，媽媽和亞歷斯還在玩這個遊戲。當愛麗森問起這些圖片是做什麼的，亞歷斯霎時變成一位很熱心的「我能解決問題」的情緒詞彙專家。

「你要指出某一張圖片，」亞歷斯向姊姊解釋，「你要說出那個男孩或是那個女孩是**高興**或是**難過**。就像這樣，」（亞歷斯指著女孩）「她是**難過**的。」

「你怎麼知道呢？」亞歷斯的爸爸問。

「因為她在哭。」亞歷斯回答，這時彼得模仿做出一個**難過**的表情。

「這我也會，」愛麗森說，「看著，」（指著男孩的圖片）「**高興**。」（指著女孩的圖片）「**難過**。你看，這很簡單。」

「哇！」亞歷斯哭了起來，並且出手打了愛麗森。他期望愛麗森能夠對這個新遊戲反應熱絡一點。

「愛麗森，」媽媽接口，「亞歷斯和彼得喜歡用手指著這些圖片，讓我們看看你能不能記住。如何配合圖片來使用這兩個詞彙。」

「什麼意思呀？」愛麗森問道。

「這個男孩和這個女孩（用手指向有著**難過**表情和**高興**表情的圖片）有相同的感受，或是，他們有**不同的**感受呢？」

「不同。」愛麗森回答，她對用字遣詞感到有趣。

「對的，」媽媽說，「他們兩人有**不同**的感受，他們的感受**不相同**。很不錯，你認為有時候你和亞歷斯對**相同**的事物是不是有**不同**的感受？」

「對。」愛麗森說。

「現在，準備上床睡覺了。」爸爸說，「你們明天還可以玩更多的文字遊戲。」

在他們後來的「我能解決問題」對話中，媽媽常常會反覆強調**相同**以及**不同**，幫忙孩子了解，**不同**的人對（**相**）**同**一件事物，可能有**不同**的感受。

解讀別人的情緒感受

隔天，晚餐過後，媽媽繼續和他們玩情緒感受的遊戲，重點放在我們了解別人情緒的三種方式。

「我們來談談眼睛和耳朵。」媽媽說。「眼睛在哪裡？」媽媽指著自己的眼睛，彼得、亞歷斯，和愛麗森也各自指著自己的眼睛。「我可以用眼睛看東西，那麼，你的眼睛用來做什麼？」媽媽問亞歷斯。

「我也用眼睛看東西。」亞歷斯說。

「我也是。」彼得說。

「那，耳朵在哪裡？」媽媽指著自己的耳朵，彼得、亞歷斯，和愛麗森也各自指著自己的耳朵。」

「我們能不能用耳朵看東西？」媽媽問愛麗森。

「不能！」愛麗森大聲說，「我們用耳朵聽。」

「你答對了，」媽媽同意，「那眼睛呢？」她開玩笑地問：「我們能用眼睛聽嗎？」

「媽咪！」亞歷斯咯咯笑。

「我們不能用眼睛聽，你很好笑。」愛麗森笑媽媽。

「你們很聰明，」媽媽說，「你們知道我們用眼睛看，用耳朵聽。好吧，現在讓我看看你們究竟有多聰明。」媽媽用一張紙把臉遮起來，笑得很誇張。「我現在是**高興**還是**難過**？」

「妳是**高興**的。」亞歷斯和愛麗森兩人一起大叫。

「**高興**。」彼得也同意。

「你們怎麼知道我**高興**？」

「因為妳在笑。」愛麗森說。

「妳怎麼知道我在笑？妳親眼看見嗎？」

「沒有。」亞歷斯回答。

「妳親耳聽見嗎？」

「對！」愛麗森回答。

「對了，妳用耳朵聽見我的笑聲。讓我們再試一次。」

媽媽重複這個遊戲，把臉遮起來發出哭泣聲。

亞歷斯和愛麗森又猜說，她是**難過**的，因為他們可以用耳朵聽見她的哭聲。

「所以現在我們有兩種方法可以知道別人的感受，讓你們可以知道我是**高興**的其中一個方法是，用眼睛看。」媽媽指著自己的眼睛。「另一個方法是，用你們的耳朵聽。」媽媽指著自己的耳朵。

「還有一種可以知道別人感受的方法，」媽媽繼續說著。然後板起一張沒有表情的臉，她說：「你們能夠知道我的感受嗎？」

「妳在**生氣**。」亞歷斯猜道。

媽媽搖搖頭。

「妳在想事情。」愛麗森猜道。

媽媽搖搖頭。「妳有什麼辦法知道我的感受？」

「有什麼辦法？」

「妳可以問別人感覺如何。問我我的感受如何。」

「我要問！」亞歷斯大聲說，想要搶先姊姊一步，在這個問題捷足先登。「妳覺得怎樣？」他問道。

「我覺得**高興**，你們覺得如何？」

「我覺得**高興**。」愛麗森回答。

「我覺得累。」亞歷斯回答。

「我怎麼知道你們的感受？」

「你剛剛問我們了。」亞歷斯和愛麗森齊聲回答，彼得在一旁邊看邊笑。

「對啊，我**問**你們了，因為這是了解別人感受的好方法。」

這樣的練習能幫助孩子考慮到別人的感受。這項技能會讓孩子，在家裡、學校以及在其他場合，試圖解決問題時，能有更多的選項。他們會學到，如何判斷別人對他們的行為以及他們所做的決定有何感受。

當他們玩這個遊戲的時候，瑪麗開始思考，她自己通常如何來判定孩子的感受。她試著回想自己，如何藉由觀察愛麗森的做為，來了解愛麗森的感受。她問自己，究竟有多少次，她真正開口問孩子，他們的感受為何？思考過後，她發現，自己通常只有藉由聽孩子的笑聲、哭聲、尖叫聲，來了解孩子的感受。現在瑪麗了解到，自己經由運用「我能解決問題」的技巧，也能多加了解孩子的感受。

使用我們一開始用來探索情緒的相同活動，要孩子看看下頁的圖片，你可以把焦點轉移到**生氣**這個字。重複談到眼睛和耳朵的活動，組織好對話問孩子：

「這個男孩看起來**高興**嗎？」「你怎麼知道？」

「你的耳朵可以聽見他的聲音嗎？」

「你可以用眼睛看見他嗎？」

「如果你能問他：『你感覺如何？』，你想他會說他在**生氣**嗎？」

「你可以用眼睛看出他在**生氣**嗎？」

「你認為一個**生氣**的人，會發出什麼樣的聲音？」

「這個男孩和那個男孩（六十九頁上）感受相同，或是感受不同？哪一個人在笑？」

「你想，什麼事情讓這個男孩子**生氣**？」

「什麼事情會讓你**生氣**？」

談論那些讓他們覺得生氣的事情，不會讓孩子感到為難，因為在遊戲的形式中，他們可以放心談論那些令人難堪的情緒反應。

當瑪麗幫助孩子思考孩子自己和思考別人的感受時，瑪麗自己也開始思考她自己

的感受，以及她自己的所作所為，如何影響別人及她自己的孩子。

在玩情緒文字遊戲時，你或許可以問自己幾個「我能解決問題」式的問題：孩子的哪些行為會讓你感到**高興**？**難過**？**生氣**？現在，易地而處，你做的哪些事或是你說得哪些話，可能讓孩子感到**高興**？**難過**？**生氣**？回答這些簡單問題的答案會給你些許端倪，知道在自己的生活中，你考慮到多少別人的感受。

有一天放學後，愛麗森、唐妮雅，以及瑪麗在學校的體育館裡等著比賽踢足球。瑪麗和亞歷斯及彼得已經結束**高興**、**難過**、和生氣這幾個字的情緒文字遊戲，而**挫折和得意**對年紀小的孩子而言，則又過於複雜，難以理解。但是她想試一試，看愛麗森和唐妮雅，是不是能夠更進一步，學習**挫折和得意**這兩個新的「我能解決問題」詞彙。

「當你想把足球踢進球門但卻辦不到的時候，你曾經感到**挫折**嗎？」瑪麗問愛麗森。

「**挫折**是什麼？」

「**挫折**就是當事情不按照你所想的那樣發生，或是當你想要某樣東西卻得不到，你可能會覺得**挫折**。像是當你想和某個人說話，但那個人卻很忙時，你會有什麼感覺？」

「**生氣**。」愛麗森說。

「**生氣**，加上……我們剛剛學到，有點難度的新詞是什麼？」瑪麗問。

「**挫折**。」

「很好，你呢，唐妮雅？當你想看電視，可是媽媽說，該上床睡覺了，你覺得如何？」

當唐妮雅把目光從瑪麗身上移開，愛麗森已經大聲說出：「**挫折**！」

「你曾經感到**挫折**嗎，唐妮雅？」

唐妮雅點點頭，表示有過**挫折**的經驗。

「很好，唐妮雅。當你想做某件事卻辦不到時，也會感到**挫折**。像是，也許你想溜冰，卻一直跌倒；或是，如果你就是沒辦法把鞋帶綁好，可能也會感到**挫折**吧。你曾經碰過這類的事情嗎，愛麗森？」

「有啊，像是在讀書的時候。」愛麗森很快回答。「我一直想要自己讀書，但是我不怎麼會唸。」

「這是一個很好的例子，」瑪麗稱讚愛麗森，「當你想要讀一篇故事，但卻不是每個字都認得出來的那種感受就叫做挫折。你呢，唐妮雅，什麼事情會讓你感到**挫折**？」

唐妮雅一直盯著瑪麗看，可是卻毫無反應，愛麗森急忙插話來解圍：「像是當你想要倒立，身體卻一直豎不起來。這是不是**挫折**？」

瑪麗接著問：「唐妮雅，當你不能倒立時，你覺得**挫折**嗎？」

唐妮雅點頭贊成。

瑪麗又說：「嗯，我知道你現在會倒立了。當你後來終於學會倒立時的那種感覺叫做**得意**。我昨天晚上煮了一頓非常好吃的晚餐，我覺得很**得意**。我認識一個女孩子，她賽跑得到冠軍；她覺得很**得意**。愛麗森，什麼事情會讓你感到**得意**？」

「我不知道。」

「嗯，當老師在你學校的作業上打星星，你覺得如何？那種感覺就是**得意**。」

「那，當你沒有叫我幫忙擺碗筷，我就去做呢？」愛麗森問道。

「對了，那是一個很好的例子；當妳這樣做的時候，妳可能覺得很**得意**。唐妮雅，妳呢？什麼事情會讓妳感到**得意**？」

唐妮雅沒有答腔。瑪麗對愛麗森做手勢，要她不要代答。瑪麗接著問，「唐妮雅，愛麗森告訴我，妳畫了一幅『我的家』的圖畫，好漂亮！老師把它掛在教室的牆上。老師這樣做是不是讓妳感覺很**得意**？」

唐妮雅點點頭。

「很好。」瑪麗此時明白，要唐妮雅有把握到打開尊口，參與這些「我能解決問題」的遊戲，還得再等上好一陣子。

「好了，小姐們，今天的**比賽**，拿出妳們的看家本領來，好讓我以妳們為榮，為你們感到**得意**，好嗎？」

「是的，媽媽。」愛麗森笑著回答。

而唐妮雅只是在一旁微笑以對。

如果妳的孩子像唐妮雅一樣害羞，想辦法讓他們能輕易參與「我能解決問題」的遊戲和對話。問簡單的問題，讓他們能一語帶過，或是用搖頭、點頭來表示。例如，「當妳學會溜冰時，妳覺得**得意**或是**生氣**？」無論參與的程度如何，如果你不斷稱讚他們，並且讓他們有很多機會回應，很快地，你就會發現，**「我能解決問題」的課程能夠讓孩子學會必要的思考程序，讓他們感到更有信心來表達他們的需要和感受。**

在瑪麗觀看愛麗森和唐妮雅踢足球時，她對**得意**與**挫折**的感受，有了更多想法。

你也可以這樣做，問自己以下這幾個問題：

「我的孩子幾時曾經以我為榮？我如何得知？」

「最近一次孩子令我感到自豪是什麼時候？」

「我什麼時候曾為某件事感到**挫折**？」

「我曾經讓孩子感到**挫折**？」

當你繼續教導孩子這些情緒詞彙，你對以上這些問題的答案，會讓你對自己和孩子的看法，比較敏銳。也許你會慢慢了解到，大家對事情的看法不見得永遠一致。

討論感受

只要稍微調整，許多孩子原來就喜歡玩的遊戲也可用來練習思考及討論感受。

◎說故事時間

當你唸故事書給孩子聽的時候，在故事中不同的地方稍作停頓，叫孩子猜猜故事中某個角色的感受，並問他們何以得知。不管什麼樣的故事，都可以花時間和孩子討論書中角色的種種感受。

講故事時也是用來編織故事，討論劇中人物感受的好機會。鼓勵孩子為故事增加細節，用來解釋，為什麼有些角色感到**難過**，劇中人物能夠怎麼辦，好讓自己**高興**起來。當書中的英雄化解危機時，討論他們的感受為何？也問孩子，是否曾經有過和書中人物類似的感受。

◎繪畫

因為亞歷斯很喜歡畫畫，瑪麗因此決定，藉由畫圖來加深亞歷斯考量別人感受的觀念。她叫亞歷斯畫一張高興的臉。瑪麗自己也畫了一張。然後她要亞歷斯再畫一張臉，但是這次，畫一張**難過**的臉。

「你怎麼能分辨一張臉是**高興**的，而另一張臉是**難過**的？」瑪麗問道。

「因為一張臉在笑，另一張臉不笑。」亞歷斯解釋。

瑪麗想加深亞歷斯的觀察，她說：「那你怎麼知道她在笑？你用——（瑪麗指著眼睛）看見的。」

亞歷斯很快插嘴說：「眼睛！」

指著圖片，瑪麗面露微笑，戲謔地說：「你能問她嗎？」

亞歷斯笑了出來，「不行，好呆喔，你不能對著圖片問問題。」亞歷斯和媽媽繼續玩著畫圖的遊戲，畫了許多**高興**和**難過**的動物、花朵、南瓜、洋娃娃。

如果你選擇玩畫畫的遊戲，你也可以幫忙孩子找畫圖本裡面，一些**高興**、**難過**、**生氣**、**得意**、**挫折**的面孔，替它們塗上顏色。

◎玩偶遊戲

玩偶遊戲是用來加強「我能解決問題」概念的好方法。（如果家裡沒有掌上玩偶，洋娃娃、填充動物、用蠟筆畫了臉譜的紙袋，甚至是襪子，都可以拿來代替。）編個小故事敘述**高興**和**難過**的故事情節，也可以增加一些配角來幫助其他角色感覺好過些。配合玩偶的角色來變換你的聲調，一個簡單的布偶戲的對話大概是這樣：

玩偶狗：「我好想哭。」

玩偶貓：「為什麼？你怎麼啦？」

玩偶狗：「所有的小狗都跑到外面玩了，可是沒有邀我一起去。」

玩偶貓：（對著孩子說）「你想小狗現在感覺如何？」

孩子回答後，玩偶貓回答說：「對了，**難過**。有什麼事情會讓你感覺難過嗎？」

現在，讓孩子常常有機會拿著這些玩偶朋友玩，幫助孩子表達他們的感受，也讓孩子自己編一些有關自己和別人的感受的小故事。

◎情緒的文字遊戲

即使是在你開車、洗碗、照顧小小孩的時候，也可以和孩子玩情緒的文字遊戲來加強學習。例如，當你們圍坐餐桌旁吃晚飯的時候，告訴孩子：

「我要告訴你們三件令我**高興**的事情，仔細聽清楚，因為你們要記起來。第一，吃冰淇淋；第二，配戴首飾；第三，看見你們笑容滿面。誰能記住讓我**高興**的三件事？」

「現在我要再加上第四件事，準備好了嗎：第一、吃冰淇淋；第二、配戴首飾；第三、看見你們的笑臉；第四、你們不大聲吵鬧的時候。你們記得住我講的第四件事嗎？」

繼續加上第五、六件事，直到孩子記不下一長串的事件為止。然後讓他們想出自己的事列，看看你記得住嗎。你可以用這個遊戲來玩任何一個有關情緒的字眼。

去思考會影響到別人情感的事情是一件很有趣的事。能夠想到自己和別人的感受，會讓孩子想到一些解決問題的方法，這是那些只能想到自己當下需要的孩子所無法想到的。

◎電視遊戲

看電視時有很多討論情緒感受的機會。不管孩子看什麼節目，你都可以使用類似以下的對話，鼓勵孩子運用他們目前已經學到的「我能解決問題」的思考技巧。

「你看，那個男孩子在哭。」「他的感覺如何？」「你怎麼知道他是**高興**的？」「你可以看見他在笑。」「用耳朵聽，你可以聽見他的聲音？」「你能開口問他嗎？」

「為什麼（劇中角色的名字）在**生氣**？」「什麼事情讓他／她有那種感覺？」

「你看，那個女孩在哭。她能做什麼事，讓自己再**高興**起來？」

◎「自己的」遊戲

在我和使用「我能解決問題」課程家庭的合作經驗中，我發現，孩子一旦掌握了某種情感的概念，他們通常很快就會創造出自己的遊戲。這是孩子了解並且喜愛這個遊戲，一個很好的指標。這也同時賦予「我能解決問題」課程彈性，讓它在每個家庭中各顯特色。

瑪麗很喜歡亞歷斯發明的一個遊戲。亞歷斯在家裡嘻笑雀躍，他告訴媽媽，他假裝自己是電視上的一名喜劇演員。當媽媽問他，什麼事情讓這個演員覺得**高興**，亞歷斯很快做出決定，因為今天是那個演員的生日。然後他又假裝自己是一個傷心的演員。瑪麗又問他，什麼事情讓這個演員傷心。「因為，」亞歷斯說，「他沒有朋友一起玩。」

這個別緻的遊戲，演出許多**高興**和**難過**的情節，鼓勵亞歷斯思考，什麼事情會讓人感到**高興**、**難過**。這是亞歷斯最喜歡的遊戲（也許因為這個遊戲是他發明的），在後來的課程中，他繼續用這個遊戲玩其他的情緒遊戲。如果你的孩子想到其他以情感為重點的活動，不要猶豫，讓他們發展自己的遊戲。

使用「我能解決問題」的方法：有問題的情況

當亞歷斯開始在牆上塗鴉的時候，測試這些活動成效的第一個機會來了。在開始「我能解決問題」課程以前，瑪麗一定會說些類似這樣的話：「亞歷斯，不要在牆壁上亂畫，因為這樣會塗得髒兮兮，而且很難把這些畫擦掉！讓我找別的東西讓你畫，下次不准再亂畫了。你聽懂了沒有？」亞歷斯則會義務性的回答：「是的，媽媽。」然後，下個星期，他大概又會在牆上塗塗抹抹。雖然瑪麗試圖用她所讀到的教養方法，像是，告訴孩子錯誤行為的原因，然後提供其他良性選擇，她還是在替亞歷斯做思考的工作。因而她過去教養所得到的反應和使用「我能解決問題」方法的結果還是大異其趣。她現在了解到，亞歷斯其實並沒有真正聽進去她責備的話，甚至連解釋的話也沒有真正聽入耳。瑪麗嘗試類似以下的「我能解決問題」對話：

媽媽：「當你做一些我不希望你做的事，你想我的感覺如何？」

亞歷斯：「很**生氣**。」

媽媽：「你和我對這件事，感受相同或是感受不同？」

亞歷斯：「不同。」

媽媽：「你知道為什麼我不希望你在牆上塗鴉？」

亞歷斯；「因為你擦不掉。」

媽媽：「還有什麼其他的原因？」

亞歷斯：「看起來很髒亂。」

媽媽：「你能想到不同的地方來畫圖寫字，所以不會把牆弄得髒兮兮，而我也不會覺得**生氣**？」

亞歷斯：（想了一想）「在紙上。」

媽媽：「好主意。」

亞歷斯的媽媽用他早先學到的文字遊戲中的詞彙，「不是」、「相同」、「不同」、「或是」，來幫助他思考，為什麼媽媽不希望他在牆上塗鴉，以及他可以在其他什麼地方畫畫。這種對話讓亞歷斯能夠深入思考，他如何能夠改變自己的行為，而不只是應付別人要他改變行為的指令。

當天，晚一點的時候，瑪麗走進愛麗森的房間，發現玩具、枕頭、衣服丟得到處都是。媽媽感覺火冒三丈，瑪麗無法抑制自己的怒氣，但是她還是依照「我能解決問題」的方法來處理問題。

「愛麗森，」媽媽大聲說，「你認為我看見妳的房間如此的一團亂，我有何感受？」

意識到這是一個「我能解決問題」的對話，愛麗森小心翼翼地咧嘴猜道：「難過？」

「不是，我不是**難過**。妳能想個辦法，了解我的感受如何嗎？」
「我可以問妳，對不對？」
「可以，」媽媽說，「妳就問吧。」
「媽媽，妳有什麼感覺？」
「我覺得很**生氣**，而且我也覺得很**挫折**。妳記得**挫折**是什麼意思？」
「記得，就是像，我想贏那場球賽，但是輸了。」
「就是這樣。我已經一再要求妳，要保持房間的整潔，但是妳沒做到。所以，妳想想，我的感受如何？」
「很**挫折**。」愛麗森答道。
也許妳有過這種感受，但妳的孩子不能理解妳的反應，因為他們不曉得，或是沒多去想到**挫折**這個字的意義。
媽媽繼續說道：「妳能不能想個不同的地方放衣服，讓我不要覺得**生氣**和**挫折**？」
「可以，」愛麗森說，「我可以把衣服放到衣櫥裡，而且我可以找個不同的地方放我的玩具。」

「好，妳自己決定衣服要掛在哪裡，玩具要放哪裡。這會讓我以妳為榮。」

「好的，媽媽。」

在這場對話中，愛麗森的媽媽幫助她思考，她髒亂的房間如何影響到他人。還有，雖然愛麗森的媽媽沒有讓愛麗森選擇要不要整理房間，但是媽媽讓愛麗森選擇如何來整理自己的房間。

有些家長告訴我，他們很害怕「我能解決問題」的方法會讓父母喪失對孩子的控制權，或是讓家長放棄管教孩子的職責。如同上面的例子所顯示的，父母其實毋庸多慮。目的只在控制孩子的行為，或是下指令告訴孩子該做什麼事，該如何做的管教方式，會讓孩子覺得無助，並且減低孩子的自尊心。但是藉由「我能解決問題」的做法，管教代表著幫助孩子思考自己可以調整的行為模式；也代表給孩子一點可以掌握自己生活的想法。從這種角度而言，「我能解決問題」的方式就是一種管教。

這並不表示當你運用「我能解決問題」的方法時，你就永遠不應該對孩子**生氣**。這樣就違反自然了。**生氣**本身就是孩子必須學會去對付的一種問題。如果有人鼓勵孩子把生氣想成是一種社會問題——還有如果生氣和情緒失控不是家中最常用來處理爭端的方式的話，孩子就能學會去面對它。愛麗森髒亂的房間讓媽媽覺得非常生氣，但是媽媽並沒有因此而失控，也沒有放棄她對女兒的管教權。

在為你和孩子建構「我能解決問題」課程的過程中，我體會到，不只需要幫助你教導孩子如何思考，以及如何了解你的觀點，同時到需要幫助你對孩子的觀點更加敏銳。當你做到這點的時候，你會發現，教養有了嶄新，甚且是更正面的焦點。

◎迷你對話：問題情境

比較下列家長在學習「我能解決問題」課程之前和孩子談話的方式，以及他們如何使用我們到目前為止所學到的「我能解決問題」概念。

◎當孩子打斷你的談話

在學習「我能解決問題」課程以前，提姆（Tim）的媽媽通常會說：「你真的讓**我很**生氣！你明知道當我講電話的時候不能跟你說話。不要打擾我！」。在玩過「我能解決問題」的文字遊戲以後，提姆的媽媽現在會說：「我能夠同時和你還有和我的朋友講話嗎？」她可能也會接著說：「當我講電話被你打斷時，你想我的感受如何？」如果必要的話，她還會接著說：「當我必須停下來和你講話的時候，你想我的朋友會有什麼感覺？」大多數時候，有了媽媽的提醒，提姆會願意等媽媽一下。「我知道你有事想對我說，等我和朋友講完話，我會聽你說。現在你可不可以想些不同的事情做？這樣我們兩個人都會覺得**高興**。」

像這樣子來運用「我能解決問題」的方法，幫助孩子思考，打斷談話如何影響到你以及你朋友的感受。這樣比起你忽略孩子或是把他們趕走，要造成極不相同的感受。有一位參加「我能解決問題」課程的母親告訴我，當她正和醫生說話的時候，六歲大的兒子打斷她的談話，她轉而對孩子說，「我能不能同時和你以及和醫生說話？」她的孩子臉上露出得意的笑容，回答：「不行，我能想件不同的事情做。」

◎當孩子不專心的時候

用一種非「我能解決問題」的方式來處理不專心的孩子，就是用一種**生氣**的語氣對孩子說：「你知道我真受不了你不專心聽我講話，你要看著我，注意聽。」而另一種方式則是，和孩子談論你的感受：「當你不聽我說話的時候，我覺得很**生氣**。」雖然這種方式不像第一種方式那麼帶有威脅的感覺，因為你告訴孩子你的感受，所以你還是在幫孩子做思考的工作。

使用「我能解決問題」方法的家長，會叫孩子去思考父母如何感受：「當我對你講話的時候，如果你不聽，你想我會做何感想？你能夠怎麼做，好讓我不那樣覺得？」

◎當孩子在不恰當的時間提出要求

四歲大的小祥想要媽媽講故事。當媽媽告訴他，她正忙著指導姊姊做功課，小祥還是繼續吵鬧不休，「可是我要你現在就講故事給我聽！」在接受「我能解決問題」課程以前，這位媽媽可能會這麼說：「你一定要學會等待，你不可能每次想要做什麼，就馬上可以得到。如果你再這樣，我就不講故事給你聽。你這樣子，對姊姊來說很不公平。」

在玩過「我能解決問題」的文字遊戲：全部和有些，還有玩過情緒文字的遊戲以後，小祥的媽媽現在會轉頭對小祥說：「如果我用全部的時間唸書給你聽，連一些時間都不幫忙姊姊，你想她會有什麼感受？」小祥注意到了他玩「我能解決問題」文字遊戲時所用的詞彙，就只是笑笑。他了解了。

現在，是誰在動腦筋思考呢？

當瑪麗進展到「我能解決問題」課程的這個階段時，她回想到，在開始使用這個課程前，有一段時間，她每天都要和亞歷斯搏鬥，好教他不要折磨他的小弟弟彼得。每次趁瑪麗亞一不注意的時候，亞歷斯就會作弄彼得，逗他哭。有一天，瑪麗走進房間時，正好看到亞歷斯把彼得的泰狄熊從彼得手上拿走。瑪麗像平日一般的反應：

「發生什麼事？」瑪麗大吼。

亞歷斯聳聳肩，一副那種「我不知道，我也不在乎」的表情。

「如果你不能好好和彼得玩，那就離他遠一點！他不喜歡你把他的玩具拿走。」亞歷斯一語不發，跑回自己的房間。瑪麗只能搖頭，懷疑自己有沒有可能讓亞歷斯對弟弟好一點。

在開始玩「我能解決問題」語彙和情緒文字遊戲大約兩個星期以後，瑪麗又一次聽到彼得在隔壁房間尖叫，瑪麗跑進房間裡，看見亞歷斯正拿走彼得的玩具熊。這次，她試著用「我能解決問題」的對話。

「你想你這樣子把彼得的熊搶走，彼得覺得如何？」

「很**生氣**。」亞歷斯答道。

媽媽接著問：「當你這樣做，再來發生什麼事？」

「他大聲尖叫。」

「這樣一來，你感覺如何？」媽媽繼續問。

「**難過**。」

「你能想到做不同的事情，所以彼得不會覺得很**生氣**，而你也不會在他尖叫的時候覺得**難過**？」媽媽問。

「亞歷斯把彼得的玩具還給他。他還沒辦法感受到真正的同情心，他也還沒有辦法想出，要如何跟彼得發展更正面的關係。但是，眼前，瑪麗很高興看到亞歷斯願意在考慮彼得的感受以後來解決問題。她知道，這是很重要的第一步。

第4章 「我能解決問題」的遊戲

瑪麗很快就培養出問問題的習慣，像是：

「全部坐在這個桌旁的孩子都想吃煎餅嗎？或是，有些孩子想吃喜瑞爾？」

「我應該在洗蘋果之前，或是洗蘋果之後吃蘋果？」

「你和姊姊對這個問題的感受相同，或是你們的感受不同？」

不消多久，瑪麗就發現，甚至孩子彼此之間也用起了「我能解決問題」的語彙。

當愛麗森跳進汽車前座時，亞歷斯大叫起來：「你不能全部的時間都坐在前面，只能有些時候坐。」

「他強調有些和全部兩個詞的時候，」瑪麗說，「我知道他是特意使用這些『我能解決問題』的文字，好讓他的論點更為有力。雖然愛麗森還是不願意離開座位，但是亞歷斯嘗試的方式，讓我印象深刻。」

當愛麗森不接受亞歷斯邏輯的說理離開前座，亞歷斯又恢復老樣子：打人、哭鬧。這個事件後不久，瑪麗問我，為什麼會這樣，在使用「我能解決問題」語彙好幾個星期了，亞歷斯還是沒有更好的辦法來解決他的問題。我告訴她，她還不應該期待孩子能做到這點。這些「我能解決問題」的語彙，一部分是用來做為「前」解決問題的活動，這樣，以後他就可以把這些概念應用到全部的「我能解決問題」的對話中。這種詞彙的底子越強，孩子就越容易且迅速進步到，當問題出現時能夠實際運用。

在進展到實際解決問題的對話前，還有一組詞彙概念要介紹給孩子認識：**恰當的時間（good time）／不恰當的時間（not a good time）**，**如果（if）／那麼（then）**，**或許（might）／可能會（maybe）**，**為什麼（why）／因為（because）**，**公平（fair）／不公平（not fair）**。這一組詞彙代表在思考技巧上往前邁進一步。這樣會幫助孩子，去接受他們無法改變的限制：「現在不是唸故事書給你聽的恰當時間。」這樣也會避免一些常因人際衝突而帶來的挫折感，像是，一個孩子可能會對另外一個孩子說：「**如果**去買東西時你坐在前座，**那麼**，回家的時候我就坐前座，好嗎？」孩子會具備需要用來解釋自己想法的詞句：「我不能和你分享我的糖果，**因為**全吃光了。」並且，他們會擁有更多關乎以後思考因果關係的重要指標性詞彙：「**如果**我搶他的玩具，**那麼**他也許會把它搶回去。」「他打我，**因為**……」這些詞彙，加上早先學過的

之前和之後能夠幫助孩子思考，「我打他之後，他動手打我。」

當我們介紹愛麗森、亞歷斯，和唐妮雅認識這些詞彙時，你會注意到，我們在第二章及第三章中所練習的「我能解決問題」詞彙以及情緒詞彙，繼續在「我能解決問題」的對話中扮演重要的角色。把這些概念互相結合，正好成為一套可以靈活運用的工具，以後能幫助孩子辨識、預測人際關係中事情的發展順序。本章的「我能解決問題」的迷你對話，將會包括新的「我能解決問題」詞彙概念，也會把以前所學過的「我能解決問題」詞彙一起拿來應用。

團隊合作

每天唐妮雅從愛麗森家離開，就趕忙跑回家告訴她媽媽，多一點兒有關愛麗森和瑪麗喜歡玩的文字遊戲的事情。「唐妮雅很害羞，」唐妮雅的媽媽柯瑞娜（Karena）說，「所以我很訝異聽到她告訴我，她在愛麗森的媽媽面前所玩的遊戲和她所回答的問題。」在聽了好幾個星期有關這些遊戲的事情以後，柯瑞娜打電話給瑪麗，多打聽一點唐妮雅稱之為「我能解決問題」的遊戲的消息。

瑪麗邀請柯瑞娜到家裡來，她把我在「我能解決問題」工作坊所發的資料拿給柯瑞娜看。當瑪麗把這個課程對害羞兒童的好處解釋給柯瑞娜聽的時候，柯瑞娜很急切地想影印相關資料，好讓她在家裡也能跟唐妮雅玩。就這樣，一個「我能解決問題」團隊就形成了。

雖然「我能解決問題」的課程已經證實對單一家庭、對單一兒童有卓越的成效，但是以團隊的方式來進行「我能解決問題」的課程也有某些優點，或許值得你參考。成為一個家長團隊，瑪麗和柯瑞娜、還有她們的先生，建立他們自己的一個小型互助團體；他們分享彼此的成功與失敗；他們討論所遇到的問題、憂慮以及成就；他們也給予彼此鼓勵，繼續堅持下去。兒童（特別是獨子）也會從這種家庭團隊受益。他們和別的孩子在遊戲氣氛的情況下學習技巧。他們有比較多的機會能了解「我能解決問題」概念，而且和對這些概念反應良好的朋友，一起練習這些新的技巧。

◎恰當的時間／不恰當的時間

恰當的時間／不恰當的時間的詞組幫助孩子學習，時間是成功解決問題的一個重要元素。柯瑞娜藉由兩個玩偶——歐力和皮皮的協助，把這個概念帶入她和唐妮雅的遊戲中。

退縮和害羞的孩子特別喜歡玩偶，因為他們可以讓玩偶說出他們自己不敢說出口的事情。玩偶對教導孩子最後這組**前**「我能解決問題」概念也很有效，因為玩偶遊戲可以模擬出，如何在有問題的情境中應用這些詞彙。

你在做選擇的時候可以用布偶、洋娃娃、甚至是兩隻不同顏色的襪子來代替。你可以採用像下面這個柯瑞娜用來和唐妮雅玩**恰當時間／不恰當時間**遊戲的腳本，不然，你也可以自己即興創作。不管採用何者，目標都是在於教導孩子，兩個「人」正在學習，明白何時提出要求，是一種避免衝突和挫折的方法。

柯瑞娜用兩個玩偶歐力和皮皮（用不同的聲調來代表）表演的情節類似這樣：

歐力：（對唐妮雅說）「嗨！唐妮雅。你好嗎？我看見——」

皮皮：（打斷歐力）「嗨！歐力。要不要跟我玩？」

歐力：「皮皮，我能同時和你講話又和唐妮雅講話嗎？」

皮皮：「不可以。」

歐力：「當你打斷我的談話時，你認為我的感受如何？」

皮皮：「生氣。」

歐力：「現在和我講話是恰當的時間還是不恰當的時間？」

皮皮：「不恰當。」

歐力：「當我正和朋友交談，卻要停下來和你說話，你想我朋友的感受如何？」

皮皮：「既生氣又挫折。」

歐力：「我知道你有事情要對我說。你可以在我和朋友講完話之後再告訴我。你先等一下下。」

歐力：「（**對唐妮雅說**）「讓我們很快找時間一起吃中飯。我喜歡吃漢堡和薯條。妳喜歡吃什麼呢？」

唐妮雅：「我喜歡吃起司三明治。」

歐力：「我也喜歡起司三明治。妳還喜歡吃些什麼？」

唐妮雅：「我喜歡吃鮪魚。」

歐力：「真的嗎？我有些時候也喜歡鮪魚，但不是全部的時候。」

歐力：（**轉向歐皮**）「好了，皮皮。我以你為榮，你很有耐心等待著我。現在我可以聽聽你想告訴我的話了。」

皮皮：「你現在可以陪我玩嗎？」

歐力：「好啊，我可以陪你玩。現在是**恰當的時間**找我玩嗎？」

皮皮：「是的。」

歐力：「在我和朋友結束談話之前是**恰當的時間**找我說話嗎？」

皮皮：「不是。要在你談話結束之後才是。」

歐力：「很好。我現在沒有在和朋友交談。」

結束這場玩偶秀後，柯瑞娜問唐妮雅：「歐力不能同時和妳及皮皮講話，對嗎？有時候我們大家都必須等到**恰當的時候**，才能做我們想做的事。」

「媽媽，讓我們再玩一次，拜託，拜託。」唐妮雅請求媽媽。

「好吧，唐妮雅，」媽媽說，「讓我們假裝歐力想讀這本書，而皮皮想和他玩。」

歐力：（看起來正忙著看書）

皮皮：「歐力，你要不要跟我玩？」

歐力：「不行，皮皮，我現在正忙著呢！」

皮皮：（低著頭，難過的走開。）

歐力：（繼續看書。然後停下來，闔上書本。）「好了，我讀完了。」

皮皮：「嗨，歐力，你現在能和我玩了嗎？」

歐力：「可以，我現在不忙了。」

在演完歐力和皮皮之間這一段小插曲之後，媽媽問女兒，「皮皮去找歐力玩，比較恰當的時間是什麼時候？是在歐力讀完自己的書之前，還是讀完書之後？」

「讀完之後。」唐妮雅說。

「想得很好。你能想到有哪一次，你正忙著做一件事的時候，別人找你去做另一件事情？」

「有啊！」唐妮雅說，「愛麗森想出去騎腳踏車，可是我正在畫畫。」

「所以後來怎樣呢？」

「愛麗森生氣跑回家了。」

「她在**恰當的時間**，或是在**不恰當的時間**，找你去騎腳踏車呢？」

「不恰當的時候。」唐妮雅興奮地回答。「媽媽，現在我可以扮演歐力，然後妳扮皮皮嗎？」

這就是唐妮雅和媽媽如何在家裡開始使用「我能解決問題」的課程緣由。從她和愛麗森的媽媽所玩的遊戲中，唐妮雅認識所有早期的「我能解決問題」詞彙；現在她很高興自己也能和自己的媽媽玩這些遊戲。

「我能解決問題」迷你對話：問題情境

我敢打賭妳一定可以記得有幾次，當妳正忙著做某件事的時候，孩子卻要求你做別件事情。在使用**恰當／不恰當時間**的玩偶劇以後，在日常生活的對話中用起這些詞彙就輕而易舉了。

◎當孩子打斷你做事

「我能同時和你還有我的朋友交談嗎？」

「如果你在我和別人交談的時候跟我講話，你想我會有什麼感覺？」（如果必要的話，加問：「快樂或是挫折？」）

「如果我正在和別人交談，那是**恰當或是不恰當的時間**來找我說話呢？」

「什麼時候是**恰當的時間**？」

「你現在能想件不同的事情做嗎？」

◎當你很忙，孩子又想得到你的注意力時

「我現在不能和你說話；我正在幫傑福瑞做功課。」

「我能同時和你說話又幫忙傑福瑞嗎？」

「這是和我談話，**恰當的時間**，或是**不恰當的時間**？」

「什麼時候是**恰當的時間**？」

「你現在能想件不同的事情做嗎？」

下個星期六早晨，唐妮雅起床、穿好衣服，九點鐘就跑了出去。手裡拿著她的玩偶，她要對愛麗森和亞歷斯表演她的新遊戲。

「唐妮雅好興奮，」愛麗森的媽媽回想起來，「藉著談論我們大家都遇過，在不恰當的時候做某種要求的情況，我已經把**恰當時間／不恰當時間**這組詞彙，告訴愛麗森和亞歷斯。所以我的孩子也熟悉這些詞彙及其用法。但是唐妮雅用玩偶來表演**恰當時間／不恰當時間**的情景，真是很好的複習方法。這大概是我第一次看到唐妮雅和我的孩子在一起的時候，負責發號司令。」

「我能解決問題」的訓練已經幫助唐妮雅找到話語，為自己發聲。

◎假如／那麼

每一組「我能解決問題」的詞組，都是在為孩子做準備，使其能達到這個訓練的終極目標：有效解決自己的人際問題。「**如果／那麼**」這個詞組，就是孩子邁向成功解決問題所必需擁有的因果思考技巧的第一步。

◎日常應用：沒有問題的狀況下

你可以每天和孩子在對話中練習這個概念。下面列有一些範例，你也可以在有靈感的時候，加上其他的例子。你可以要孩子回答空格的部分，讓這個遊戲更有互動。

例一：用餐時間

「**如果**我們喝果汁，**那麼**我們就不是喝＿＿＿＿。」

「**如果**這是一個漢堡，**那麼**它就不是一個＿＿＿＿。」

「**如果**我們坐在這張桌子，**那麼**我們不是坐在＿＿＿＿。」

例二：遊戲時間

「如果傑米在畫畫，**那麼**他就不在＿＿＿。」

「**如果凱莉在玩積木**，那麼她就不在＿＿＿。」

例三：每日記事

「**如果**今天是星期二，**那麼**今天就不是＿＿＿。」

「**如果**現在是九月，**那麼**現在就不是＿＿＿。」

「**如果**今天外面下雨，**那麼**我們就不能玩＿＿＿。」

例四：說故事時間

「**如果**故事中的孩子去看馬戲團，**那麼**他就不能去＿＿＿。」

「**如果**灰姑娘午夜前沒有到家，**那麼**她會＿＿＿。」

例五：在戶外

「**如果**這塊石頭很重，我把它放進池塘裡，**那麼**它會（沉到）池塘底部。」

「**如果**這棵植物沒有水分，**那麼**它會怎樣呢？」

◎可能／也許

「我能解決問題」的詞組，**可能**與**也許**，是和如果與那麼這個詞組一起，用來建立對因果思考更深刻的了解。藉由這些概念的配合，孩子們可以開始自己思考，「如果我選擇這個解決的方法，那麼我可能不會得到我想要的東西，而這樣會讓我很生氣。」或是，「如果我這樣做，那麼我的朋友可能不會覺得高興。」

在辨識、察覺他人的感受之外，孩子可以用這些詞組來思考能夠影響別人感受的方法，而考慮別人的喜好就是第一步。但是年紀小的孩子通常會假設，別人喜歡的東西和他們一樣——這種假設常常會導致錯誤的結論，也因此而導致失敗的解決方法。「我能解決問題」詞組，可能與也許，可以用來幫助孩子發覺別人的喜好。在以後解決問題時，孩子會慢慢了解，例如，用洋娃娃去交換別人的鏟子可能無法奏效，因為即使他們本身也許喜歡洋娃娃，另外一個孩子可能不喜歡洋娃娃。

當孩子結束玩偶遊戲，瑪麗把孩子叫到廚房裡。（兩歲大的彼得太小了，不能繼續「我能解決問題」的文字遊戲，但他還是喜歡當個小跟班，聽別人說話。很多時候，他會跟著那些大孩子唸「我會解決問題」的詞彙；他正用著自己的方式來準備，讓自己成為一名「我能解決問題」的思考者。）

孩子們圍坐桌旁，瑪麗為每個孩子倒了一杯果汁，並介紹下一組「我能解決問題」的詞組：**可能／也許**。

瑪麗用唐妮雅的玩偶來開場：

媽媽：「好了，孩子們，讓我們看看歐力喜歡吃些什麼東西。愛麗森妳想呢？」

愛麗森：「他喜歡吃蘋果。」

媽媽：「也許他喜歡吃蘋果，也許他不喜歡吃蘋果。我們必須找出答案。直接問他是找出答案的一種方法。亞歷斯，你直接問歐力。」

亞歷斯：「歐力，你喜歡吃蘋果嗎？」

歐力：「不喜歡。」

媽媽：「你看，你問他，他說不喜歡。亞歷斯，你想歐力喜歡吃什麼？」

亞歷斯：「糖果。」

媽媽：「**也許**他喜歡吃糖果，**也許**他不喜歡吃糖果，你有什麼辦法知道呢？」

亞歷斯：「問他。」

媽媽：「那你就直接問他。」

亞歷斯：對著歐力說：「你喜歡吃糖果嗎？」

歐力：「對！」

媽媽：「很好，亞歷斯，你直接問他，你就找到答案了。」

彼得：「我也喜歡吃糖果。」

媽媽：「喔，彼得喜歡吃糖果，亞歷斯也喜歡吃糖果，彼得和亞歷斯喜歡相同的東西還是不同的東西？」

孩子們：（全都很興奮，齊聲說）「相同的東西。」

愛麗森：「我也喜歡吃糖果。」

媽媽：「喔，你們全部都喜歡吃糖果，或是你們有些人喜歡吃糖果？」

孩子們：（馬上齊聲說）「我們全部的人都喜歡。」

媽媽：「如果你們給歐力一些糖果，他會喜歡嗎？」

孩子們：（一齊大叫）「會！」

媽媽：「他可能會喜歡，他也可能不會喜歡，你們怎麼知道？」

亞歷斯：「問他。」

媽媽：「那你現在就問他。」

愛麗森：「歐力，你想要我們給你糖果嗎？」

歐力：「不要！」

亞歷斯：（對著歐力說）「你喜歡吃香蕉嗎？」

歐力：「不喜歡！」

亞歷斯：「你喜歡吃漢堡嗎？」

歐力：「不喜歡！」

亞歷斯：「你喜歡吃洋芋片嗎？」

歐力：「喜歡！」

媽媽：「亞歷斯，你喜歡吃洋芋片嗎？」

亞歷斯：「不喜歡。」

媽媽：「歐力喜歡吃洋芋片，亞歷斯喜歡吃糖果，歐力和亞歷斯喜歡相同的東西，或是他們喜歡不同的東西？」

孩子們：「不同的東西。」

媽媽：「不同的人喜歡不同的東西可不可以？」

孩子們：（同時大聲喊）「可以！」

媽媽：「對啊，不同的人喜歡不同的東西是可以的。」

瑪麗想要利用這個玩偶遊戲來幫助孩子思考，不同的人可以喜歡不同的事物。就像經常在「我能解決問題」訓練時間裡所發生的，亞歷斯和愛麗森兩人都會自動增加點花樣，讓這個活動更有趣，效果更好。亞歷斯對於問「你喜歡嗎」的問題有點欲罷不能，一再重複問這類的問題。媽媽就讓他重複問歐力這類問題，因為她知道，孩子能找到自己喜愛的方式來強化這些概念的時候，才是「我能解決問題」的訓練最成功的時候。愛麗森也對這些有趣的想法十分著迷，她輕快地跳著離開餐桌，用歌唱般的聲音重複說著，「不同的人喜歡不同的事物……不同的人喜歡不同的事物。」這就是「我能解決問題」的訓練發揮作用的時候。

現在你可以看出，可能和也許這兩個詞，如何幫助孩子考慮到別人的喜好，顧慮到別人的感受了嗎？這些詞彙幫助孩子思考：「如果我打麥克，那麼他可能會生氣。」或是，「如果我擁抱媽媽，那麼，她可能會覺得高興。」可能和也許這組詞彙也同時有助於提醒孩子，她們不可能總是知道別人的感受——有時候他們必須開口問。孩子在以前的活動中學會對各種情緒的了解，現在當他們練習思考可能和也許的時候，這些體認會再一次被強化。他們會了解，如果某一種方式不討好，那也可以試試不同的辦法。

有一天從學校回來以後，愛麗森和亞歷斯在吵架。當愛麗森在玩洋娃娃的時候，亞歷斯把洋娃娃抓了以後，就一溜煙跑掉了。瑪麗認為這是一個採取「我能解決問題」迷你對話的好時機，來幫助姐弟倆思考當前的問題。「到我身邊來，」瑪麗走進房間時一邊說，「讓我們用新學到的兩個『我能解決問題』詞組，可能與也許，來幫助你們處理這個問題。」

亞歷斯和愛麗森安靜下來，走到媽媽身旁坐下。對瑪麗而言，這項舉動就代表孩子們行為上的進步。因為他們已經把「我能解決問題」的遊戲視為好玩的活動，所以孩子願意停止爭吵，好聽聽媽媽要說些什麼。瑪麗不準備替他們解決問題；她只是想讓孩子在解決他們自己的問題時，想想彼此的感受。她開口了：

媽媽：「當你們高興的時候，看起來是副什麼神情？」（亞歷斯和愛麗森都露出笑容。）

媽媽：「你們可以做出難過的表情讓我看看嗎？」（亞歷斯和愛麗森做出很痛苦的表情，彼此看著對方裝出很難過的樣子而咯咯笑。）

媽媽：「愛麗森，當你很生氣的時候，看起來是什麼樣子？」（愛麗森看起來很生氣的樣子。）

媽媽：「亞歷斯，你生氣的時候是什麼樣子？」（亞歷斯做出生氣的表情。）

媽媽：「愛麗森，你喜歡玩洋娃娃嗎？」

愛麗森：「喜歡。」

媽媽：「如果有人給你一個洋娃娃，你的感覺如何？」

愛麗森：「高興。」

媽媽：「好，現在讓我們想像一下，愛麗森有一個洋娃娃，然後有人來把它搶走了。亞歷斯，這樣會讓愛麗森感覺如何？」

亞歷斯：「生氣。」

媽媽：「**也許**這樣會讓愛麗森覺得生氣，或者，**也許**這樣會讓她覺得難過。我說也許，因為，也許表示我們不是確實知道。要知道愛麗森的感受為何，讓我們問她：愛麗森，如果有人搶走妳的洋娃娃，妳會有什麼感覺？」

愛麗森：「生氣。」

媽媽：「亞歷斯，你想，如果那個人把洋娃娃還給愛麗森，愛麗森可能會有什麼感覺？」

亞歷斯：「高興？」

媽媽：「我不知道，讓我們問問她。愛麗森，如果有人把洋娃娃還給妳，妳會覺得很高興嗎？」

愛麗森：「會！」

媽媽：「我覺得我們能讓別人覺得高興、難過、生氣，是一件很有意思的事情。」

這場迷你對話並不是要去解決亞歷斯搶走姊姊東西的問題。但是它的確把兩個新的「我能解決問題」詞彙——**如果／那麼，可能／也許**——引介到孩子真實的生活中，而且，這樣也幫助孩子思考，他們的一言一行和別人感受之間的關係。

◎為什麼／因為

為什麼與因為，這組詞彙幫助孩子看見行為與後果之間的關連：「他打我，因為我拿走他的玩具。」這組詞彙也能幫助孩子了解，問題是可避免的：「我跌倒，因為我跑太快了。」

有一天，當瑪麗去買菜的時候，唐妮雅的媽媽幫忙照顧愛麗森、亞歷斯，還有彼得。孩子們一起玩得很好，過了大約一個小時以後，柯瑞娜注意到，孩子開始有點蠢蠢欲動。她想，這會是一個玩「我能解決問題」玩偶遊戲的好時間。

「唐妮雅，」她喊道，「去拿妳的玩偶來，我們在等愛麗森的媽媽回家的時候，我們來玩『我能解決問題』的遊戲。」

才一下子，所有的孩子帶著玩偶都到客廳裡了。「讓我先開始。」愛麗森請求。

「不可以，我先！」亞歷斯堅持。

「也可以輪到我嗎？」唐妮雅問。

「等一下，大家安靜一下。」唐妮雅的媽媽邊說邊看著彼得笑，因為彼得趁著混亂的時刻，已經拿起玩偶，自己開始玩起來了。「我要讓歐力教你們一些新的『我能解決問題』詞彙。讓我表演一個故事，然後你們每個人可以輪流表演，好嗎？現在，大家坐下來。彼得，把玩偶給我，我要開始一個玩偶遊戲，是有關為什麼與因為這組詞彙。」

歐力：「嗨，我是歐力。我今天和你們玩一個遊戲。我來和你們玩**為什麼／因為**的遊戲。讓我告訴你們怎麼玩。我先和媽媽玩。（柯瑞娜把玩偶轉向自己。）媽媽，我很累。」

媽媽：「**為什麼？**」

歐力：「**因為**我忘了睡午覺。」

歐力：（轉向孩子）「現在我要跟你們玩。當我說出一件事的時候，你們大家都要很大聲的說，**為什麼**？讓我們試試看。我很餓。現在你們問我，**為什麼**？」

孩子：「**為什麼**？」

歐力：「很棒。現在，要記得，每次我說話的時候，你們要問**為什麼**。我很餓。」

孩子：「**為什麼？**」

歐力：「**因為**我沒有吃午飯。」

歐力：「我喜歡上學。」

孩子：「**為什麼。**」

歐力：「**因為**那裡的小朋友都是我的朋友。」

歐力：「我今天不能唱歌。」

孩子：「**為什麼？**」

歐力：「**因為**我的喉嚨痛。」

歐力：「你們做得很好！現在讓我們換一個遊戲。我現在要問你們『為什麼』，而你們要想出原因。現在，聽著。（歐力轉向唐妮雅的媽媽。）我要到商店去，我要走路到商店去；我不要開車，也不要搭巴士。你能猜猜看，為什麼我要走路去嗎？」

媽媽：「**因為**外面天氣很好。」

歐力：「有可能。你還能想到不同的因為嗎？」

媽媽：「**因為**你的朋友要走路去商店，你想和朋友一起走路去。」

歐力：「你看，可以有不只一個原因。現在讓我們大家一起玩。」

歐力：（轉向面對孩子們）「強尼今天不到我家來和我一起玩。**為什麼**強尼今天不到家裡來和我一起玩呢？唐妮雅，妳能想出一個因為嗎？」

唐妮雅：「搖搖頭表示不能。」

亞歷斯：（大聲喊出）「**因為**他生病了！」

歐力：「也許他生病了；愛麗森，妳能想出另一個因為嗎？」

愛麗森：「**因為**他媽媽不讓他去？」

歐麗：「有可能。那妳呢？唐妮雅，妳能想出一個為什麼強尼不能來我家的理由嗎？」

唐妮雅：「**因為**他不喜歡你。」

這個回答讓所有的孩子都笑翻了。這時候，愛麗森的媽媽正好進門來，她說：「現在一定是『我能解決問題』時間。」

玩為什麼與因為文字遊戲的方法有很多。除了上述的玩偶遊戲（改編自我編的教室課程指導：我能解決問題），在下圖中，有兩個孩子的圖片也可以進一步幫助孩子了解，兩個人能對同一件事情有不同的感受，而且這是有原因的。

把這個圖片拿給孩子看，問他們類似這樣的問題：

「這個男孩子（指著男孩）和這個女孩（指著女孩）對聽音樂感受相同，或是感受不同？」

「**為什麼**這個女孩聽這首樂曲可能會感到高興？」

「有任何其他的原因嗎？另外一個因為？」

「那個男孩子感覺如何？」

「他可能是為了什麼有這種感覺？」

「那是一種**因為**（原因）。還有任何其他的原因？另一個因為？」

「不同的人對相同的事物感受不同可以嗎？可以，這是可以的。」

「這個女孩怎麼知道這個男孩對音樂的感受為何？」

「可以啊，她可以轉頭看。或是她也可以開口問。」

◎日常應用：沒有問題的情況

任何時間你都可以練習為什麼與因為的文字遊戲。

當你開車送孩子上學時

「我特別喜歡星期一去上學。你能猜猜我為什麼喜歡星期一嗎？」然後讓孩子盡其可能，想出越多因為越好。

當你包裝生日禮物時

「對你的朋友來說，這個禮物真是太完美了。你能猜猜看，**為什麼**我認為這是最好的禮物嗎？」

煮飯的時候

「紅蘿蔔對身體很有幫助。你能猜猜看，**為什麼**它對你的身體很有好處嗎？」

當孩子剛坐進車裡的時候

「繫安全帶很重要，你知道**為什麼**嗎？」

◎公平／不公平

「前解決問題階段」的最後一組詞彙是**公平／不公平**。在孩子做決定時，這組詞彙幫助他們了解別人以及自身的權益。經過事先盤想，瑪麗認為，在一個能逼真表現出**公平／不公平**的情境下來玩這次的文字遊戲，會是一個好主意。她把這個想法告訴先生，並且鼓勵他，由他來介紹這組詞彙。

那天晚上，孩子跑進廚房找睡前的點心。「今天晚上，」媽媽說，「爸爸要藉點心來教你們一個新的『我能解決問題』詞彙。這個新的字就是公平。

聽到這件事，亞歷斯顯得挺訝異的，他對爸爸說，「我忘記你也知道『我能解決問題』的遊戲！」

「我當然知道囉，」爸爸說，「到這裡來，聽好。」

爸爸：（同時給每個孩子一人一塊餅乾）「我有三塊燕麥餅乾。剛好只能給你們一人一塊──一塊給愛麗森，一塊給亞歷斯，一塊給彼得。一人一塊餅乾是不是很**公平**？是的，每個人得到相同數目的餅乾是很**公平**的。」

（把彼得的餅乾拿給了愛麗森）「如果愛麗森想要有兩塊餅乾，我就給她兩塊餅乾，那麼亞歷斯只能有一塊餅乾，而彼得就半塊都沒有了。」

「這樣**公平**嗎？」

「**不公平**，這樣不公平。」

「愛麗森，如果我讓妳把這兩塊餅乾吃掉，妳想亞歷斯和彼得可能會有什麼感受？」

愛麗森：「生氣。」

爸爸：「對，他們可能會覺得生氣。」

亞歷斯：「因為這樣**不公平**。」

爸爸：「想得好。所以，就這樣——你們一人一塊餅乾。現在，這樣就**公平**了。」

這段對話只花了一分鐘的時間，但是這樣就讓**公平與不公平**變成「我能解決問題」的用語；讓爸爸更能參與這個訓練方法；也加深愛麗森和亞歷斯對**公平**這個詞彙的概念。

唐妮雅的媽媽也是利用唐妮雅當天的一個切身經驗，來教她認識**公平**這個用詞。那天唐妮雅從學校回家以後，抱怨她班上有一個男孩子，在課間休息時間，不把黏土分給她玩。

媽媽：「讓我們來談談**公平**這個用詞。如果有一件屬於學校的東西，而有一個小朋友占去全部的使用時間——那就表示其他的孩子一點都無法使用——這就是**不公平**。那妳能告訴我，怎樣才**公平**嗎？」

唐妮雅：「要輪流玩。」

媽媽：「好，現在讓我們談談黏土。小祥把全部的黏土拿去玩，或是拿一部分黏

土？」

唐妮雅：「全部的黏土。」

媽媽：「妳能夠想到怎樣才算**公平**嗎？」

唐妮雅：「我想要玩黏土。」

媽媽：「你們兩人各拿一部分的黏土玩算**公平**，或是你們其中一個人把全部的黏土拿去玩算**公平**？」

唐妮雅：「我們兩人各拿一部分黏土玩。」

媽媽：「下次小祥不把黏土分你玩的話，你要對他說什麼？」

唐妮雅：「你拿一些黏土玩，也分我一些黏土玩，這樣才**公平**。」

唐妮雅能不能覺得很有把握，真的這樣對小祥說，不是問題的重點。雖然唐妮雅已經對公平這個詞很熟悉，現在，她有一個新方法，能夠幫助她在一個衝突的情境中來思考這個詞的意涵，以及如何用一種不帶威脅的方式來使用公平這個詞。當時機成熟時，唐妮雅還會學到一個新的概念來幫助她解決問題。

用**公平**這個詞做為做決定的基礎的機會比比皆是。在你一開始介紹這個用詞成為「我能解決問題」的概念時，就要試著在沒有遇到麻煩和有衝突的情境中，透過日常生活的對話，來加強這個概念。

◎日常應用：沒有問題的情況

例一：家居生活

「你今天有沒有做出什麼**不公平**的事情？」
「你應該怎麼做才算**公平**？」
「今天有沒有人對你做出什麼**不公平**的事？」
「他應該怎麼做才會**公平**？」

例二：說故事時間

「這個故事裡發生的事，是**公平**還是**不公平**？」
「為什麼你會這麼想？」
（如果不公平）：「事情應該如何發展才算**公平**？」

我能解決問題的迷你對話：碰到問題時

◎當孩子想要得到你全副的注意力時

「你得到我全部的注意力，而妹妹一點注意都得不到，這樣**公不公平**？」

「當小金想跟我講話，但是你卻一直不停地大吼大叫，又一直打斷我們談話，你想小金的感受如何？」

◎當某個孩子拒絕跟別人輪流玩玩具，也不願意跟別人分享玩具時

「全部的時間都是你在玩，而你的朋友一次也沒玩到，這樣**公平**嗎？」

「如果你不讓你的朋友玩這個玩具，你想他可能會有什麼感覺？」

「你之前已經玩過那樣玩具，而珍娜並沒有玩過。你現在又玩這個玩具，這樣**公平**嗎？你現在能不能想一件不同的事情做？」

「弟弟已經不玩那個玩具了嗎？在他結束之前你就把玩具拿走，公平嗎？」

「怎樣才算**公平**？是弟弟玩完玩具之前或是之後輪到你玩？」

有這些文字概念深植在他們日常生活的對話和活動中，這些孩子現在已經準備好，可以用「我能解決問題」的方式來解決問題了。

現在你可以把其他的「我能解決問題」詞組加入你的詞彙清單中了。

恰當的時候／不恰當的時候
如果／那麼
可能／也許
為什麼／因為
公平／不公平

第5章 尋找不同解決問題的方案

現在，對於在日常生活中，用「我能解決問題」詞彙和孩子說話，你應該已經感到駕輕就熟了。你的孩子也應該對「我能解決問題」的概念感覺熟稔，對有人際問題的處境，自然而然有了不同的看法，並且，他們也能多加思考，情緒感受如何影響人際問題。因為「我能解決問題」的策略，到目前為止，運作得十分成功，所以家長有時候會就此心滿意足，努力到此為止。他們可以看出，孩子已經改變他們思考問題的方式，也覺得現在全家人對「我能解決問題」的訓練，已經認識夠多，足以運用，無須再增加更多的活動、遊戲和訓練。

雖然我總是樂於見到家長自覺成功，對孩子的進步感到欣慰，但是我還是必須提醒他們，現在還不到停止學習「我能解決問題」課程的時候。到目前為止，我們所學到的技巧只是為「解決問題的前置思考」做準備。這就是為什麼「我能解決問題」的對話到目前為止還稱為迷你對話的原因，他們還不完全呢！「我能解決問題」最重要的部分，就是孩子真正學習解決他們遭遇問題的部分，還沒有到。這個部分包含尋找不同解決問題的辦法，而且考慮這些辦法所帶來的後果。

在第二章，當愛麗森和亞歷斯爭辯誰先拿到玩具，你可能還記得，我們把重點放在學習能為解決問題做預備的「我能解決問題」的詞彙上。瑪麗一開頭，用一種不帶威脅的口吻，問孩子「發生什麼事？」當孩子分別回答「我先拿到的」以後，瑪麗並沒有真正去釐清，到底誰先拿到玩具，因為她永遠不能真正確認。她只是用另一個「我能解決問題」的概念，點明用搶的是拿回玩具的一種方法，然後問孩子，「搶玩具之後發生什麼情況？」當愛麗森回答說，他們兩人吵了起來，瑪麗問他們，能否想個不同的辦法，讓兩個人不會吵架。

即使是在使用「我能解決問題」詞彙概念最早期的階段，孩子也能想出辦法來解決自己的問題。但這只是一個起步，因為想出來的第一個辦法，不見得總是恰當或是成功的方法。

又有一次，發生了一個類似的問題，又是老樣子，亞歷斯和愛歷森重複著那句說詞：「我先拿到的」。這次，瑪麗用一個新的方式來應用「我能解決問題」的詞彙概念：

媽媽；「發生什麼事？有什麼問題嗎？」

亞歷斯：「我先拿到的。」

愛麗森：「我先拿到的。」

媽媽：「你們兩個人對發生的事，看法**相同**，或是看法**不同**？」

亞歷斯：「**不同**。」

媽媽：「你們之間有一個人比另一個人先拿到那個玩具。其中一個人全部的時間都在玩那個玩具，這樣**公平**嗎？」

（媽媽在她的迷你對話中加入有關「感受的」教導。）

愛麗森：「**不公平**。」

媽媽：「亞歷斯，**如果**全部時間都是你在玩那個玩具，愛麗森**可能**會有什麼感覺？」

亞歷斯：「很生氣。」

媽媽：「愛歷森，**如果**全部時間都是你在玩那個玩具，亞歷斯**可能**會有什麼感覺？」

愛麗森：「生氣。」

媽媽：「現在，我們的問題還在，有沒有人能想到一個**不同**的做法，讓你們兩個人都不會生氣？」

讓孩子了解別人的感受，是對話中一個很重要的元素。當孩子能注意到，他們的作為可能會讓別人生氣，這就是從對別人的感受不知不覺中，往前更進一步了。但是，這樣還是不夠的。如果孩子不知道如何處理他們的怒氣，他們可能會覺得更加憤怒，反應激烈，或是，他們面對別人的氣憤，卻不知如何是好。這就是為什麼，下一系列重點放在思考其他解決辦法的活動，是那麼重要的原因。雖然愛麗森與亞歷斯早就已經想出一個辦法來解決問題，而且他們也發展出對他人感受的敏銳度，但是對孩子來說，學習思考「如果我的第一個辦法不管用，那麼我能夠試試另一個不同的辦法。」也是很重要的。

瑪麗和家人已經到了可以脫離「我能解決問題」前置階段（pre-problem-solving stage）的準備期，正式進入解決問題的殿堂。雖然他們偶爾還是會應用到前面幾章的遊戲和活動，來複習及練習「我能解決問題」的技巧，他們現在可以擴展他們的對話，尋找多元的辦法，來解決每天在日常生活與人的互動中所遭遇的人際問題。

尋找其他解決辦法的過程

本章的活動會幫助你的孩子學習：解決問題的方法不只一種。我們特別要鼓勵孩子對生活中所發生的人際問題，要思考不同的解決方法，多多益善；這將會幫助他們發展出一套思路，讓自己知道：「方法不是只有一種，我不一定要採用所能想到的第一個辦法，也不必很快就放棄努力。」

最好利用假想性的人物與假設性的情境來開始這個學習的過程；這種介紹概念的方式不會讓孩子感覺受到脅迫。家長可以利用玩偶、圖片以及角色扮演的方式，一般導引多元解決辦法的程序，大多是按照下列這種模式：

1.界定問題，或是讓孩子界定問題。

2.告訴孩子，我們的目標是想出許多不同的方法來解決這個問題。

3.把所有想到的辦法都寫下來。（即使孩子年紀還小，還不識字，他們喜歡看到你把他們講的話寫下來。）

4.請孩子說出第一個辦法。如果這個辦法和解決問題有關係，就把辦法複述一次，認定這是解決問題的方法之一。再提醒孩子，他們的目標是要想出很多不同解決問題的方法。

5.再請孩子想另一個方法，比照上例進行。

6.如果很快就想不出辦法了，你可以問孩子：「你能夠說些什麼來解決這個問題？」或是，你能做什麼來解決這個問題？」，來引導孩子想更多辦法。

當你開始幫助孩子尋找其他解決問題的辦法時，試著在對話中把這種想法告訴孩子，就像瑪麗和亞歷斯與愛麗森之間的對答談一樣。

媽媽：「讓我們假設有一個六歲大的女孩子，她想要哥哥讓她玩哥哥的電動玩具，讓我們來玩個遊戲叫做『她還能做什麼？』。我們要想很多辦法，很多不同的方法來解決這個問題。當你們想到解決問題的辦法時，我會把這些辦法寫在紙上。亞歷斯，你能想一個方法，幫這個女孩讓她哥哥把電動玩具給她玩？」

亞歷斯：「她可以跟她媽媽說。」

媽媽：「好（把亞歷斯的方法寫下來），她可以告訴媽媽。這是一個方法，這個遊戲的目的是要想很多不同的方法，讓這個女孩子可以使哥哥答應讓她玩哥哥的電動玩具。誰想到第二個方法了？讓我們的答案把這張紙填滿。」

愛麗森：「她可以讓哥哥玩她的玩具。」

媽媽：（把答案寫下來）「她可以跟媽媽講，或是她可以讓哥哥玩自己的玩具。現在我們想到兩種方法了。亞歷斯，你可以想到第三個方法嗎？（用很誇張的方式伸出三根手指頭。）」

亞歷斯：「她可以讓哥哥玩她的玩具。」

媽媽：「喔，這跟愛麗森的想法是相同的。我相信你可以想到一個不同的方法。」

亞歷斯：「她可以說：『拜託，拜託，我可以玩你的電動玩具嗎？』」

媽媽：（把答案寫下來）「你們想到好多不同的方法。誰可以告訴我另一個方法？第四種方法？」

愛麗森：「她可以用哭的。」

媽媽：「她可以哭哭鬧鬧。（這是一個不清楚的答案。這可以是因為不能得到她想到的東西的單純反應，或者，這可以是一個具體的嘗試，要操縱另外一個人的情感。瑪麗要她提供更多的資訊。）妳再說多一點。」

愛麗森：「這樣哥哥就會覺得她很可憐。」

媽媽：「好，（在這種情況下，哭是一種辦法，所以瑪麗把它記下來。）現在妳們有四種辦法了。讓我們用很多很多不同的辦法，把這張紙填滿。記住，這個遊戲的目的就是這樣。」

亞歷斯：「給他一些糖果。」（媽媽把答案加入清單中）

亞歷斯：「等他不注意的時候，把玩具拿走。」

媽媽：「你們想到六種方法這個女孩子能用來讓她哥哥准她玩電動玩具。」（把答案唸一次）

1.「她可以告訴媽媽。」
2.「她可以讓哥哥玩自己的玩具。」
3.「她可以說：『拜託，拜託，我能玩你的電動玩具嗎？』」
4.「她可以用哭的，讓哥哥覺得她很可憐。」
5.「她可以給哥哥一些糖果。」
6.「她可以等到哥哥不注意的時候，把電動玩具拿走。」

媽媽：「你們想到很多點子。你們覺得如何——得意或是挫折？」

亞歷斯與愛麗森：「很得意！」

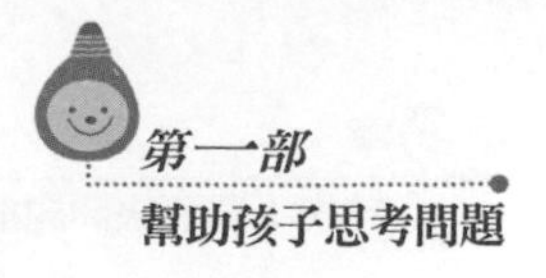

因為這一課（遊戲）的目的就是要孩子去思考，解決問題的方法不只一種，在現階段，思考的過程比思考的內容更為重要。你也許會覺得奇怪，當亞歷斯建議說：「等他不注意的時候，把玩具拿走」時，瑪麗為什麼默不作聲。家長有時真的會忍不住想對孩子解釋，為什麼這不是一個好主意，而你大概也會擔心，孩子會不會因此而被鼓勵，思考一些不妥的方式，來達到自己的目的。在下一章你會看到孩子如何被引導考慮事情的後果，去思考一個主意是好或是不好。但是，在這個關頭，讓孩子能自由思想是非常重要的，而對思想內容中特定的看法多加著墨，可能會抑止這種思考上的自由。

你可以讓孩子練習使用這種思考的自由，來找出各類假設性問題的各種解決辦法。你可以幫助孩子試圖去解決的問題包括：

◆在溜滑梯頂端的女孩想要在滑梯底部的男孩走開，所以她可以從上面溜下去。
◆一個男孩子想要玩朋友正在玩的球。
◆一個女孩子想跟鄰居的孩子一起溜直排輪，但是那個孩子卻不想跟她玩。
◆一個男孩子想看一個電視節目，但是她的妹妹已經在看另一個節目了。

你也可以讓孩子自己編一些有人際問題的故事，或者在圖片，故事書、或報章雜誌中，找出一些待解決的問題。

有用的提示

◎提示一：想越多解決辦法越好

孩子通常會認為，一個問題只有一個對的答案，所以一開始，當他們已經提出一個解決的辦法，而你還要他們再想個不同的辦法時，他們可能會覺得很困惑。所以當你問他們：「你能不能想一個不同的方法來解決這個問題？」時，孩子可能會以為他們的第一個方法是「不對的」。為了要鼓勵孩子多想一些方法，而且讓他們的思考有彈性，在你要他們想第二個方法之前，你或許可以這麼說：「這是一種方法，而這個遊戲的目的是要想出很多『不同』的方法。」然後，再要他們想第二種方法。這樣做表示第一個想法算數，而且也提醒孩子，請他們想不同的方法是遊戲的一部分。

◎提示二：如何處理不相干，和似乎不相干的答案

有時候你要孩子再想多一點的辦法時，他們會給你一些和問題不相干的答案。例如，在上面的故事中，愛麗森的答案，「他可以用哭的」是為了博得同情（這是一種有知覺性的哭），所以這是一個有效的解決辦法。但是如果她是說，這個女孩因為不能玩電動玩具所以哭了，那這個答案可能就是不相干的回答，因為這是一種受到挫折的反應，而不是解決問題的辦法。

當這種情形發生的時候，表示你聽到這個答案，但是不要把它寫進你的列表中，然後要向孩子澄清，你要的答案是什麼。如果是這種情形，家長可能會說：「她可能會哭，但是我們的遊戲是要找出方法來讓這個女孩子能有機會玩電動玩具。」

另外有些時候，有些方法從你的觀點來說可能是不相干的，但是如果你要求孩子解釋，你可能會發現，其實它們是可接受的解決方式。假使亞歷斯說，如果那個女孩能拿到媽媽的錢包，她就可以玩電動玩具？這個方法乍聽之下好像跟解決問題並不相干，但是如果瑪麗問：「這樣怎麼能夠解決問題呢？」亞歷斯可能會解釋：「這樣她可以給哥哥十塊錢，讓她玩一次。」這樣就是一個解決問題的辦法了。（在第六章，孩子會評量這種答案。）

◎提示三：處理機械性舉例（Enumerations）的問題——在同一主題上變化答案

舉例問題的產生是由於孩子提出的解決辦法重複了早先提出的答案的主旨，雖然他們在細節上或有不同。例如說，有個孩子為了要解決上述問題會說：「告訴她媽媽。」，同一個孩子或是另一個孩子可能會私下抓住這個想法，然後說：「告訴她爸爸。」

如果有這種情形發生的話，把這些答案歸類在一起，然後請孩子想不同的答案。就這個個例而言，家長可以說：「告訴她媽媽和告訴她爸爸其實有些相同，因為兩者都是告訴別人。你能想到和告訴別人不同的辦法嗎？」

其他例舉相同辦法的例子包括：

◆**給東西**：給他糖果，給他口香糖等。

◆**傷害別人**：打他、踢他、咬他等。

◆**利用情緒**：哭、鬧、表現難過等。

你也要很注意如何回應孩子所提供的辦法，因為其實你有可能鼓勵孩子做相同的舉例。比如說，當你說：「這是一個好主意」會讓孩子認為，如果你喜歡「給他糖果」的辦法，你可能也會喜歡「給他口香糖」，和「給他洋芋片」，還有其他環繞著「給他東西」主題打轉的類似辦法。如果你發現自己說：「很好」（我們多數人都會這麼說），那麼你可以改說：「很好，你想到不同的方法。」或是「很好，你有一個想法。」來強調思考的過程。

應用「我能解決問題」的方法

在你為孩子介紹這些概念之後，過不了多久，你大概會很驚喜，用不著提示，就可以聽見孩子使用這種思考的技巧。

瑪麗第一次見識到愛麗森對尋找其他解決方法的了解很快來到，那是在有一次聽見玻璃被打破的聲音之後。在瑪麗到達後院的現場以前，愛麗森的爸爸早已站在女兒面前，氣憤的破口大罵。「我已經告訴過你幾百次，不要在靠近房子的地方丟球！」他扯著喉嚨大叫，「現在你高興了吧？廚房的窗戶打破了，我還要花錢來修理！」

「對不起！」愛麗森說，「我可以把零用錢省下來付玻璃的錢，或是，也許我可以打電話給爺爺，他會修理。」

瑪麗看得出來，她先生氣昏頭，忘了「我能解決問題」的對話不是只用來玩，這個方法也是用來解決問題的。所以她很快加入談話，來幫助愛麗森繼續尋找問題的解決方法。「愛麗森，聽到你思考不同的方法來解決問題真的很棒，」媽媽打斷他們的談話，「妳為什麼不回過頭，先告訴我們事情是怎麼一回事。」

「嗯，其實玻璃不是我打破的。瑞恩很用力把球丟向我，但是球從我頭上飛了過去，我沒接到。然後，球把窗戶玻璃打破了，瑞恩也跑掉了。」

「妳想瑞恩把窗戶打破，然後跑掉，他的感受是怎樣呢？」

「他很害怕。」

「那妳呢？」

「我很氣他，但是後來爸爸出來了，我就很害怕。」

「如果妳沒有打破窗戶，那為什麼要害怕呢？」

「因為爸爸告訴過我，不要在房子附近玩球。」

「妳想爸爸對這件事情的感受如何呢？」

「生氣。」

愛麗森又說：「但是我告訴他我會幫忙付修理費，或者請爺爺來修理。」愛麗森說著說著就哭了。

「妳說的話我都聽見了，妳可以做些什麼其他的事，讓爸爸不生氣嗎？」

「我可以保證不再犯錯了。」愛麗森在閃閃淚光中這麼說。

「很棒，那是另外一個想法。」媽媽讚許她。

愛麗森的爸爸一直站在一旁聽著這場對話。

要爸爸總是用「我能解決問題」的方法來回應問題，實在是滿困難的，因為他不像瑪麗那麼積極地參與這些遊戲和活動，但是這個時刻，真令他印象深刻。通常他管教孩子的方式是按照一個可預見的模式：爸爸大聲罵孩子，孩子哭，每個人都覺得很不舒服、很生氣。然而現在，在不到一分鐘的時間裡，「我能解決問題」的方法已經幫忙理清楚到底發生了什麼事，確認愛麗森了解爸爸為什麼生氣，而且引導愛麗森自己想出解決問題的方法。這些成果無可置疑。

「愛麗森，」爸爸說，「我很生氣窗戶被打破了，但是我也很高興聽到妳能了解我的感受，而且也願意想辦法解決這個問題。我跟妳說，我接受妳的道歉，也相信妳說不會再在這裡玩球，並且，我也希望妳能打電話給爺爺，問他是否可以來幫忙我修理窗戶。」

愛麗森帶著得意的感覺離開這個「災難」現場。她學到了不要在房子附近打球的寶貴一課，而且她也學到了，「我能解決問題」的方法真的能幫助她解決問題。

當打破窗戶玻璃的事件發生時，瑪麗已經和孩子玩「我能解決問題」遊戲以及使用「我能解決問題」的迷你對話有數週之久了。雖然不是每個孩子在開始玩「我能解決問題」遊戲後，都這麼快就能自行想出其他的解決之道，愛麗森的確馬上就學會「我能解決問題」訓練的實際應用。「我真的感到很驚奇，」愛麗森的媽媽說，「我知道她和亞歷斯兩個人都很喜歡玩這些遊戲，我也知道當我在有問題的情境中使用這些詞彙時，她們會分辨出來，但是這真的是我第一次自己親眼看見『我能解決問題』的方法真能幫助孩子思考問題，而且思考如何解決問題。」

在接觸「我能解決問題」的訓練以前，愛麗森一定無法了解，問題並不在於窗戶打破了（這窗戶其實也不是她打破的），而是在於她在打球的這件事上沒有聽話，因為爸爸已經告誡過她了。如果愛麗森沒有思考自己做了什麼事，或是沒有考慮爸爸的感受，她一定要不就是因為自己「沒有打破玻璃」而和爸爸爭辯，要不就是哭著跑回房間。這兩種方法都無法像「我能解決問題」的方法一樣來解決爭端。

◎怒氣沖天，無法理性對話

如果你發現自己對著孩子大吼大叫（就像愛麗森的爸爸一樣），或是對孩子不聽話、不經大腦的行為，喋喋不休，不要因此就擅自下結論，以為「我能解決問題」的課程不適合你。家長因為太生氣，而無法清楚思考如何和孩子對話，因而陋習重現，是很常見的。如果孩子不斷重複製造同一種問題，或是弄壞貴重物品時，這種情況特別容易出現。因為父母的情緒反應通常也是孩子思考問題中的一部分，所以有時候你會發現，當你自己很生氣的時候，最好延緩和孩子進行「我能解決問題」的對話。在這種時候，明白告訴孩子你生氣的感受，也許叫孩子回到他自己的房間裡，然後晚一點，等你自己平靜下來以後，再開始進行「我能解決問題」的對話。像這種情況，不會有什麼損失，只是時間延遲一點。

有時候，孩子也會因為太生氣、太浮躁而無法思考「我能解決問題」的方法。我記得有一個唸幼稚園大班的女孩子，她想要同學分把黏土分給她玩。當同學不願意的時候，這個已經學過「我能解決問題」技巧，而且通常都很會解決自己問題的女孩子就哭了起來。她一把眼淚、一把鼻涕，根本無法告訴老師，究竟是怎麼一回事。她似乎並不是真的在意她不能玩黏土；她很傷心是因為她總是和同學分享她的東西，而現在「朋友不分她玩」。她的老師知道，現在不是開始進行「我能解決問題」的時機。這個孩子需要先被好好安撫一下。

如果你發現孩子處於困境之中，而這個問題讓他很生氣、倍感壓力，那就不要馬上企圖用「我能解決問題」的方法來解決。等他們沉靜一點，能夠去思考所發生的事，思考他們自己的感受，及一些可能用來解決的方法。

◎問題到底在哪裡？

當瑪麗和唐妮雅的媽媽柯瑞娜，就她們在「尋找解決問題的辦法」的進度上交換心得時，柯瑞娜坦承，她發現自己有時會犯了老毛病。她好像自己有種傾向，叫孩子找出其他的解決辦法，旦卻沒有先使用「我能解決問題」的前提概念。「我很喜歡幫助唐妮雅思考各種解決她個人問題的方法的這種想法，」她告訴瑪麗，「但是我必須記住，要開始這種對話之前，我要先找出問題是什麼，她和別人對事情的感受，然後再叫她尋找解決之道。」

你也有可能會落入這種巢臼之中，因為做家長的你，已經很習慣做為那個界定問題的人。讓我們想像一下，你走進廚房裡，看見孩子站在一桶打翻的牛奶旁邊。你

想要鼓勵孩子從事「我能解決問題」的思考，於是你問他：「現在你要怎麼解決這個問題呢？」如果你的孩子對問題所在，和你所想的有天壤之別，那麼他所想到的辦法可能會讓你聽起來頗感疑惑，或是頗不中聽。你的孩子或許覺得問題是裝牛奶的桶子實在太大了，不好拿，而你或許更在意的是地板上的那灘牛奶。

為了讓孩子知道（也提醒你自己），尋找解決問題的辦法是取決於每個人對問題的看法，看看下圖。

對於問題是什麼，以及可能哪一個人是有問題的人，這裡有好幾個可能的解釋：

一個孩子可能認為，插圖中的女孩子

想要她媽媽買洋娃娃給她，但是媽媽已經說不可以了，所以媽媽連看都不看她一眼。另一個孩子可能會假設，爸爸媽媽正大聲斥責站在兩人中間的那名男孩子。第三名孩子可能以為，站在右方的那個男孩子想玩積木，而他爸爸根本沒有注意到。甚至也可能有人會認為，父母的一方或雙方才是遇到問題的人。

你可以和孩子玩下列的遊戲來體會一下插圖中各種不同的解釋，就會了解，在指導孩子思考解決問題的各種方法之前，為什麼需要找出真正的問題。

家長：（影印這張插圖，讓孩子在上面畫圖。）「看看這張圖，然後找出圖中是哪個人遇到問題了。在那個人的臉上畫上表情，表現出你認為他的感受如何。」（當孩子畫好以後）「告訴我你在圖裡面所看見的問題。」

（孩子指出問題以後）「我看見還有另外一個問題。」

（在另一個人的臉上畫一個難過的表情，把問題說出來。）「你和我所看見的問題是『**相同**』的或是『**不同**』的？」

「有時候我們用看的，就認為我們知道問題在那裡；你知道，用我們的——（指著眼睛）看。」

「如果這些是真人的話，我們還有什麼別的方法來找出問題？」

（引導孩子回想，我們可以聽他們講話或是直接問他們。）「讓我們試著來解決你所說的問題。是誰遇到問題？」

（讓孩子回答）

「那個人能做什麼事來解決這個問題？」

（讓孩子回答）

「這是一種辦法，還有什麼辦法？」

（繼續對話，直到孩子想不出辦法為止。然後用你找出的問題，重複一次這個過程。）

當愛麗森打破家裡窗戶的玻璃，如果她的父母只針對她不聽話的問題，而愛麗森堅持：「但是我沒有打破窗戶！」，那麼這個問題永遠無法得到每個人都滿意的解決之道。上面這個遊戲，將會幫助你和孩子記住，在每個人能開始解決問題之前，要先找出是哪個人有問題，問題在哪裡。

幾個星期以後，當瑪麗注意到亞歷斯的床下有一堆垃圾，她想起了這一課。亞歷斯星期六該做的家事是，把自己房間垃圾桶的垃圾，倒到地下室的大垃圾桶裡，但是他顯然沒有照辦，卻反而把垃圾清到床鋪下面。在接受「我能解決問題」訓練之前，瑪麗一定會很生氣的把亞歷斯叫到房間來，對他這種詭計大肆教訓一番。「現在就把垃圾拿出去，」她可能會大聲斥責，「絕對不准你再把垃圾堆在床底下！」她大概也會提醒亞歷斯個人的責任感：「把自己房間的垃圾拿去丟是你的工作，如果你想做為家中的一份子，你就一定要學會分擔家事。」但是，我們現在聽聽看，成為一位「我能解決問題」媽媽後，瑪麗改變了她的策略，事情也有意想不到的效果。

媽媽：（心平氣和）「亞歷斯，你的床底下為什麼有垃圾？」

亞歷斯：「因為我不喜歡把垃圾拿到地下室去。」

媽媽：（思考亞歷斯對問題的看法）「為什麼不喜歡呢？」

亞歷斯：「因為我不喜歡一個人下去那裡，我會害怕。」

媽媽：「你以前從來沒有告訴過我。」

亞歷斯：「我怕你會覺得我還像一個小嬰孩。」

媽媽：「亞歷斯，如果下去倒垃圾讓你覺得害怕，那你就不用倒垃圾。但是，你是家中的一份子，我希望你能做事幫忙維護這個家。你能想到有什麼你能幫忙的地方嗎？」（瑪麗界定真正的問題所在一擔負責任一也引導亞歷斯思考解決之道。）

亞歷斯：「我可以餵魚。」

媽媽：「很好。」

（瑪麗接受亞歷斯喜歡的選擇做為解決這個問題的方法。）

通常用「你為什麼……」來開始談話，就表示帶有怒氣，孩子因此就知道，這不是真心請他們開口提供資訊。但是，如果家長能夠用一種比較不帶威脅，真正詢問的口吻來問問題，然後能夠聽懂孩子的回答，那就可以因此而得到寶貴的見解。因為花了時間來界定真正問題的所在，瑪麗和亞歷斯兩人都得到滿意的解答。亞歷斯為自己能照顧魚的決定深感得意，他也因此而謹慎盡職；而瑪麗也因為兒子學會擔負責任而感到欣慰。

角色扮演（Role Playing）

打破玻璃窗事件和垃圾問題，讓瑪麗重拾熱情，繼續用更多「尋找解決辦法」的遊戲，持續「我能解決問題」的訓練。這次她所嘗試的第一個遊戲包括，採用角色扮演的方法來強調，提出假設性看法之前要先收集資料的必要性，也更加強調解決問題不是只有一種方法的信念。

隔天，一吃完晚飯，瑪麗就把亞歷斯、愛麗森、唐妮雅找到客廳裡。「讓我們玩一個新的『我能解決問題』的猜猜看遊戲，」她說，「我們一起演一幕戲，然後我要問你們問題。」，瑪麗指導愛麗森和唐妮雅站在一起，假裝她們在一起玩。瑪麗叫亞歷斯走到愛麗森和唐妮雅的跟前，站在那裡。然後，瑪麗叫唐妮雅看亞歷斯一眼，對他搖搖頭，表示不歡迎，然後瑪麗叫亞歷斯扮成看一副看起來很難過的樣子走開。

「誰能猜猜看，這次的問題是什麼？」媽媽問道。

「她們不跟我玩。」亞歷斯說。

「亞歷斯能做些什麼或是說些什麼，好讓別人跟他玩嗎？」媽媽問他們。

「他可以拿一個自己的玩具來分我們玩。」愛麗森回答。

「很好，你想到了第一種方法。誰能想到第二種方法？」

「我可以一直對她們大吼大叫，直到她們讓我跟她們玩。」亞歷斯說。

「這是一個不同的方法，」媽媽說，「唐妮雅，你能想到第三種辦法嗎？」

「他可以告訴老師。」唐妮雅建議。

「這是另外一種辦法。」媽媽面帶笑容的說。

瑪麗能夠把問題情境表演出來，因為她有一屋子熱心的參與者。此外，這種角色扮演的遊戲，也可以由一個孩子再加上玩偶的協助來練習。拿兩個玩偶，向孩子介紹，它們是姐姐玩偶和弟弟玩偶，它們之間有一點問題。表演下面這一幕劇情，然後要孩子猜猜看，問題是什麼。

姐姐：（在看書）

弟弟：（開始推推姐姐，吵她）

姐姐：「住手！」

弟弟：（繼續推擠姐姐）

姐姐：「不要這樣！」

弟弟：「我才不聽。」

家長：（對著孩子）「你能猜猜看，他們的問題是什麼？」

孩子會回答，像是：「那個弟弟不讓姐姐安靜唸書。」再來，讓姐姐玩偶問孩子：

姐姐：「我能做些什麼，好讓弟弟在我看書時，不會來干擾我？」

當你的孩子提出解決的辦法時，要表示你聽到他的辦法，然後再叫他想一個不同的方法，用同樣的方式叫孩子想第三種辦法。你可以用玩偶做角色扮演，演出許多不同的問題情境，這樣可以讓孩子練習思考不同解決問題的方法。

更多有用的提示

◎提示四：處理相仿的回答

當有不只一個孩子玩「我能解決問題」的尋找解決辦法的遊戲時，在你要他們想更多解決方法時，孩子很容易會重複（就像鸚鵡學說話）彼此的想法。回到前面那個女孩與電動玩具的對話中，亞歷斯重複了愛麗森的辦法，「她可以讓哥哥玩她的玩具。」當你遇到像亞歷斯這種通常滿善於用言語表達的孩子，機械性的重複別人的答案時，你或許可以像瑪麗那樣子回應。她說：「喔，我敢打賭你可以想到不同的辦法。」

至於那些通常比較壓抑，沒有反應的孩子，就還不應該逼著他們想不同的辦法。相反的，要因為這個孩子說出答案而讚美他，像是：「我很高興你也告訴我們一個辦法。」。或是你可以讓這個孩子拿一個玩偶，然後要那個玩偶想一個辦法，也可以請這個很不想開口的孩子，在玩偶的耳邊，小聲的告訴這個玩偶他的想法。

◎提示五：處理一方強勢的行為

如果你要一群孩子想解決問題的辦法，但是有個孩子一直都是他在發言，不讓別的孩子有機會說出自己的解決辦法，那你也許可以問這個孩子，「一個孩子用了全部發言的機會，而有些孩子卻一點機會都沒有，這樣公平嗎？」請一個受過「我能解決問題」訓練的孩子，去思考別人對他們行為的感受，通常來說，是解決這類問題的好方法。

玩偶遊戲（Puppet Play）

唐妮雅的媽媽仍然使用提皮和歐力兩個玩偶，和唐妮雅玩「我能解決問題」的遊戲，特別是當唐妮雅獨自在家，沒有和亞歷斯、愛麗森在一起的時候。她們第一天玩尋找解決辦法遊戲時，玩了以下這個玩偶遊戲。你自己也可以試試類似的玩偶遊戲，來鼓勵害羞和較叛逆的孩子，思考不同解決問題的辦法。

皮皮：（正要伸手去拿最後一塊餅乾）

歐力：「我要那塊餅乾。」

皮皮：「不行，你已經吃了一塊，我要那塊餅乾。」

家長：「發生什麼事？怎麼回事？」

歐力：「皮皮拿走我的餅乾。」

皮皮：「不是，我才沒有。歐力拿了我的餅乾。」

家長：「你們兩個對所發生的事，看法**相同**或是**不同**？」

皮皮：「**不同**。」

家長：「喔，那表示我們遇到一個問題了，我們中間有沒有人可以想個辦法來解決這個問題？」

歐力：「我想不出什麼辦法來，唐妮雅，你能幫忙我嗎？」

唐妮雅：「你可以問你媽媽，還有沒有更多餅乾。」

家長：「那是一種辦法。這個遊戲的目的是想出很多解決問題的辦法，有沒有什麼**新的**、**不同**的辦法？」

唐妮雅：「你可以把餅乾剝成兩半。」

家長：「很好，這是一個**不同**的辦法，我想你一定能想出第三種辦法。」

唐妮雅：「你們可以一個人吃餅乾，然後另一個人吃別的東西，像是糖果啊。」

家長：「現在皮皮和歐力有三種方法可以來解決這個問題了。」

歐力：「唐妮雅，謝謝你。」

皮皮：「對呀，謝謝你，這三種方法我都會試試看！」

像唐妮雅這種害羞的孩子，一開始會很難想到不同的辦法，來解決自己的問題，所以像這種皮偶遊戲，就給了這類孩子一個很好的機會。在沒有威脅，又和自己沒有切身關係的情況下，練習這些想法。當他們尋找解決辦法的信心增加時，他們運用思考技巧來解決自己問題的意願也會增加。

事實上，在唐妮雅和媽媽玩過這些尋找解決問題的辦法，大約一個星期之後，唐妮雅的老師對她媽媽柯瑞娜說，她注意到唐妮雅和其他孩子相處的態度有一些改變。她特別記得有一次唐妮雅看著兩個女孩子在操場玩跳繩。唐妮雅顯然很想加入，但是就她一貫害羞的做法，她只是站在一旁觀看。「突然，」老師告訴柯瑞娜，「唐妮雅走到拿著跳繩的那個女孩面前，告訴她：『如果妳需要有人幫妳拉住繩子的另一頭，我可以幫妳。』。那兩個女孩子對唐妮雅的建議想了一、兩秒鐘，然後把繩子的另一頭交給唐妮雅，於是，在剩餘的下課時間，三個人一起玩得很高興。我真是很高興看見唐妮雅鼓起勇氣開口，並且做出那樣的建議。」

如果是老師提議，由唐妮雅幫忙拉繩子，這些孩子會邀請唐妮雅一起玩嗎？即使她們也願意邀請唐妮雅一起玩，唐妮雅會願意嗎？但是，這一次，唐妮雅自己有備而來——那是她自己的想法。

尋找解決辦法的遊戲

◎圈叉遊戲（Tic-Tac-Toe）

先和孩子玩一次圈叉遊戲，確定他們了解這個遊戲平常的玩法為何。然後對孩子宣布你知道怎麼玩「我能解決問題」的圈叉遊戲：「我會告訴你們一個問題，如果你能想到一個不同的解決辦法，你就可以把你的記號——圈或叉——畫到格子裡頭。如果你不能想到一個解決問題的辦法，或是如果你說的辦法，別人已經先說過了，你會喪失一次機會。」

你可以從類似這樣的問題開始玩：蓋瑞向凱爾借了他新買的溜溜球，然後弄丟了。他很怕凱爾會生氣。蓋瑞能做什麼事，或對凱爾說什麼話，讓凱爾不生氣？

在這個遊戲中，如果你和一個孩子玩，那你就做那個對手，提供不同的解決辦法。如果你和兩個孩子玩，就讓他們兩個人彼此競賽。如果有兩個以上的孩子一起玩，就讓他們輪流。要記得，只有當孩子給了新的、相關的解決辦法，才可以讓孩子在格子裡畫下圈、叉。學別人舉例，或是不相干的答案都不能算數。

◎說故事的遊戲

你可以用提及人際問題的故事書，來幫助孩子練習尋找其他的解決辦法。當你講故事的時候，在適當的地方停下來，問問此類的問題：

「發生什麼事？有什麼問題？」

「故事中有沒有人看到不同的問題？」

「你想，當（重述問題），（人物一）有什麼感受？」

「你想（人物二）有相同的感受，或是不同的感受？」

「（人物一）做了什麼事，或是說了什麼話，來解決問題？」

「當（人物一）這樣做或這麼說的時候，（人物二）的感覺如何？」

「你能想到一個不同的方法，（人物一）可以用來解決這個問題嗎？」

「你能不能想到另外一個不同的方法？」

◎玩偶遊戲

有好幾種方法來運用玩偶遊戲。玩偶遊戲可以鼓勵問題情境的角色扮演；玩偶也可以引導不喜歡開口的孩子，說出更多的解決辦法，而害羞的孩子也可以用玩偶做為自己的代言人。

下面的玩偶劇是從我為「我能解決問題」課程所編制的課程指導中的一個課室單元改編而成，它可以提供你一點概念，知道玩偶如何能夠幫助孩子練習尋找解決問題情境的各種辦法。

歐力：「媽媽，皮皮用手戳我的眼睛。」

皮皮：「我沒有，是你用手戳我的眼睛。」

媽媽：「在有人的眼睛被戳之前，發生了什麼事？」

歐力：「我正在等妳一起出門的時候，歐力的夾克戳到我的眼睛。」

皮皮：「我沒有。」

媽媽：「皮皮，你想，事情是怎麼一回事呢？」

皮皮：「我要穿夾克，然後在穿夾克的時候，夾克被風一吹，夾克就打到歐力，然後歐力就戳我的眼睛。真的很痛。」

媽媽：「你故意要打歐力嗎？」

皮皮：「不是。」

媽媽：「歐力，你現在**感覺**如何呢？」

歐力：「生氣。」

媽媽：「那，皮皮，你**感覺**如何？」

皮皮：「覺得挫折。」

媽媽：「你能做什麼好讓歐力不生氣，皮皮也不感到挫折呢？（轉向你的孩子）我們該怎麼解決這個問題呢？」

孩子：「告訴媽媽。」

媽媽：「對，它們可以告訴媽媽。你還能想一個不同的辦法嗎？想一個辦法讓它們能自己解決這個問題。」

孩子：「它們能把事情說清楚。」

媽媽：「那是一種辦法。你能想到另一個**不同**的辦法嗎？」

孩子：「它們可以說：『讓我們講和。』」

媽媽：「那是另一種方法，你能想到第三種方法嗎？」

孩子：「它們可以互相送禮物。」

媽媽：「你做得很好，想到很多**不同**的方法，讓皮皮和歐力可以解決它們的問題。」

玩偶劇和「我能解決問題」的遊戲，都是很有趣的方法，用來練習這些對解決日常生活中的人際問題非常有幫助的技巧。大部分的孩子都會喜歡這些遊戲，可以顧及別人的感受，也可以針對這些問題，想到許多不同解決問題的方法。但是，這離他們開始能在日常生活中，應用這些技巧來解決問題，還有一段日子，所以要有耐心。盡量花很多時間來玩這些遊戲，當孩子碰到問題的時候，引導孩子使用「我能解決問題」的思考技巧——然後張大眼睛，豎直耳朵，在孩子思考自己問題時，尋找讓他們運用「我能解決問題」技巧的任何時機。

即使是亞歷斯，他解決問題的方式一直都是很衝動、很粗暴，有一天，他所用的「我能解決問題」的方法，也讓媽媽感到相當驚喜。在玩了好幾個星期尋找解決問題的方法的遊戲以後，有一天，當亞歷斯和媽媽在雜貨店買東西時，他用了這些技巧，讓媽媽買糖果給他。

「我能買這個糖果嗎？」亞歷斯問道。

「不可以。」媽媽像平常一樣回答。

「拜託嘛。」亞歷斯一如往常，開始吵鬧。

「不行。」媽媽又說一次。

「買糖果會讓我很高興。」亞歷斯又試一次。

使用情緒詞彙引起瑪麗的注意。

強忍著不敢笑出來，瑪麗說：「喔，買糖果真的會讓你覺得高興？」

「是啊，」亞歷斯熱切的說，「而且我會等到吃完晚飯以後再吃糖果。」

「我簡直不敢相信，」瑪麗後來告訴我，「我幾乎把手上拿的一隻雞給掉到地上，以前亞歷斯和我已經經驗過這種哭鬧要買糖果的慣例大概不下千次。但是聽到他開始思考哭鬧以外的方法，來得到他想要的的東西，真是很稀奇。當然，我無法拒絕他的請求——我買糖果給他，而他也真的等到吃完晚飯才吃糖果。當然，還是有很多時候，不管他能想到多少解決問題的方法，我的回答還是「不行」。但是，我們在雜貨店的那個時刻，我可以看見這套「我能解決問題」訓練檢視問題的方法，真的幫助亞歷斯不再那麼嘮叨不休，強人所難。

亞歷斯真的學到這些「我能解決問題」的思考技巧，他也經常表示出考慮其他解決方式的意願。然而，他還不是一個合格的「我能解決問題」的人。雖然他和媽媽一起時，能想出不同解決問題的方法，但是他選擇用在朋友身上的解決方法。經常還是很具侵略性的（記得他要那個女孩讓他一起玩的方法是：「我可以一直對她們大吼大叫，直到她們答應讓我和她們玩為止。」），或是不相干的（像是從媽媽的錢包拿錢來換得玩電動玩具的機會）。但是，在那些時候，他想出來的解決辦法媽媽都接受，當成是這個腦力激盪遊戲的一部分。到目前為止，「我能解決問題」的訓練，就像亞歷斯一樣，讓孩子能夠自由的思考解決問題的方法，而無須評量這些方法的內涵——不要評論。一旦孩子發展出這種習慣性的思考：「不是只有一種解決問題的方法」，那他們就能夠進步到下一章，來評量：「如果我這樣做，再來可能會發生什麼事？」

第6章 考慮行為的後果

到目前為止，你的孩子已經練習了思考不同辦法，來解決假設性問題與真實問題。你還記得唐妮雅、愛麗森、亞歷斯以角色扮演的方式，演出過一幕情景，他們在劇中演出，有兩個孩子不讓另一個孩子和她們一起玩，那時候他們想出好幾個辦法來解決這個問題——而且，即始亞歷斯那時建議：「對她們大叫，直到她們讓我一起玩」也無傷大雅，因為「我能解決問題」著重思考過程勝於內容。

現在，我們要加入最後一個解決問題的技巧——思考行為的後果——這樣孩子可以學習評量他們想出來的解決辦法，對自己及對他人的衝擊。孩子很難在取決自己行為的同時又去思考行為可能造成的後果，但是這麼多年來，我真的了解到，即使是四歲大的幼兒，假以時日，也可以成為思考行為後果的個中好手。

就是最後的這個步驟，讓「我能解決問題」的方法，不管在現在，或在成長的過程中，對孩子來說，都是彌足珍貴。在社會中，那些總是採用不顧及他人觀瞻、無情，又具破壞性的方法來處理人際衝突的人，其實是尚未養成行動前要思考行為後果的習慣。而受過「我能解決問題」訓練的人，比較能夠用合理負責的方法，處理日常的人際摩擦，因為他們已經練習過思考行為後果的技巧了。

思考事情的先後順序

思考行為後果的目的在於，幫助孩子思考——思考行為的後果——這樣孩子可以學習評量他們想出來的解決辦法，對自己及對他人的衝擊如果執行某特定解決問題的辦法，那麼接下來可能會發生什麼事呢。因此，只有當孩子知道，一件事會伴隨另一件事，依序發生，那麼後果對他們而言，才有意義。如果你一開始就先告訴他們，事情的發生有一定的先後順序，那麼孩子就比較容易達成這個目標。

◎之前與之後

要複習先後順序的思考，可以回到第二章，看看之前與之後的文字遊戲。這些詞彙能讓孩子發覺某些狀況帶有因果關係，像是，「我罵他之後，他打我。」

你可以在進行任何兩段式行為的過程時，像是倒一碗喜瑞爾（「我把喜瑞爾放進碗裡，之後再倒牛奶。」），或是刷牙時（「刷牙之前先把牙膏擠在牙刷上」），和孩子練習這個概念。然後，你可以讓孩子自己想些別的例子。

◎編故事

編故事是另一個很有趣的先後順序遊戲，幾乎隨時隨地都可以玩——洗碗的時候，開車的時候，或是在超級市場等著結帳的時候。你不妨一試：

不管是哪種故事，編故事就是，你先起個頭，然後讓孩子輪流編造情節，完成故事。瑪麗就是這樣開始和亞歷斯玩編故事的遊戲：

「很久很久以前，」瑪麗說，「有一個小男孩的母親想要烤一個蛋糕，所以，她做的第一件事，就是把全部的材料拌在一起。然後，她……」瑪麗停下來，然後要亞歷斯補充接下來發生的事。

「然後她把蛋糕放進烤箱。」亞歷斯說。

瑪麗再接著講這個故事：「然後，烤著烤著，你想接下來發生什麼事呢？」

「然後媽媽把蛋糕拿給小男孩，小男孩把蛋糕全部吃光光！」亞歷斯咯咯笑著。

你可以用類似瑪麗所使用的故事，只要故事情節有為人熟知的步驟，像是種花、擺碗盤，或是你也可以加入更富想像力的開放式情節，像是這樣起頭：「很久很久以前，一個小女孩搬進一個新房子。當她剛搬進去的時候，她做的第一件事情是……」然後問孩子，接下來發生什麼事。這會幫助孩子認真思考「緊接著發生什麼事？」的這個問題。

◎如果……，那可能發生什麼事？

你也可以用一個稱為「如果……，那可能發生什麼事？」的遊戲來複習先後順序的概念。在這個遊戲裡，你告訴孩子一些狀況，然後讓他們想出後果。一開始，你可以試試以下的幾個陳述，然後，你可以自己想出更多點子來：

如果……，那可能發生什麼事？
如果你整晚不睡？
如果你在雪地中穿著游泳衣？
如果有人從來不刷牙？
如果有人從來不餵寵物吃東西？
如果一個孩子只吃垃圾食品？
如果從來不下雨？

這些練習先後順序思考的遊戲會提升孩子的意願，願意去思考：「如果我選擇這個解決問題的辦法，接下來可能會發生什麼事情？」所謂「接下來可能會發生什麼事」就是行為的後果，而後果對有效解決問題而言，十分重要。

考慮人際關係的後果

行為後果的思考，可以藉由類似你在上一章用來練習思考多種解決問題之道的那些遊戲，來加以練習。「**可能**」這個詞就和早先在「我能解決問題」文字遊戲中所強調的一樣，因為當一件事有別人共同參與其中時，沒有人能預先知道未來將會發生的事情。行為的後果永遠是個未知數。一個星期六的午後，當唐妮雅、愛麗森及亞歷斯，在廚房裡磨蹭，抱怨無事可做的時候，柯瑞娜決定要開始進行「我能解決問題」最後一個步驟。手裡拿著紙筆，柯瑞娜說道：「好吧，到桌子這邊來，讓我們看看，我們能不能幫忙我所認識的一個小男孩，解決他的問題。」知道這就表示要玩「我能解決問題」的遊戲，孩子趕忙跑到桌旁來。

媽媽：「這個男孩，名叫裘伊，他想要餵班上養的小倉鼠吃東西，但是有一位名叫吉兒的女孩子已經站在籠子旁邊，準備餵小倉鼠了。裘伊怎樣才能有機會餵小倉鼠呢？」

愛麗森：「我知道！他可以問那個女孩，他可不可以餵小倉鼠一些食物。」

媽媽：「那是一個辦法，你們要記住，這個遊戲的目的是要想出不只一種方法來解決問題。唐妮雅，你可以想出一個**不同**的方法嗎？」

唐妮雅：「他可以請老師讓他輪流餵一次。」

媽媽：「很好，妳想到**一個不同的**辦法。亞歷斯，你能想到**第三種辦法**，所以裘伊能有機會餵小倉鼠吃東西嗎？」

亞歷斯：「他可以把那個女孩推開。」

媽媽：「好，讓我們思考一下這個辦法，讓我們再想另一個故事，是關於接下來可能會發生的事。我們假裝那個男孩真的把女孩推開。這是他可能會做的事；我要把這個辦法寫在這張紙的左邊。（在紙的中央畫一直線，把亞歷斯的回答寫在左邊。）

他可以把女孩推開。

媽媽：「現在，仔細聽好。這是一個新的問題。如果這個男孩把女孩推開，故事接下來會發生什麼事？」

愛麗森：「那個女孩可能也會推男孩一把。」

媽媽：「好，那個女孩可能會推那個男孩一把。我要把可能會發生的事情寫在紙上，寫在這條線的右邊。（**把雅麗森的回答寫下來。**）現在讓我們想一想，假如這個男孩推了女孩，接下來可能會發生的事情。」

唐妮雅：「女孩可能會哭。」

媽媽：「好，女孩可能會哭。」（**把這個可能的後果寫在線的右邊，然後畫線，把這個辦法和目前想出兩個可能的後果連結起來。**）

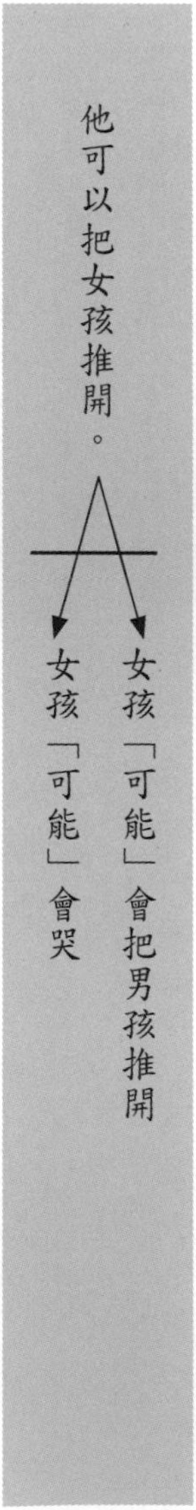

他可以把女孩推開。

女孩「可能」會把男孩推開

女孩「可能」會哭

媽媽：「如果男孩把女孩推開（指著紙的左方），女孩可能把男孩推開（用力塗黑連結線）或是，女孩可能會哭（再次強調帶箭頭的連結線）。如果男孩把她推開，這個女孩子還可能會怎樣？」

亞歷斯：「她可能會告訴她媽媽。」

媽媽：（把亞歷斯的回答列入紙上線右方的回答中）「如果男孩把女孩推開，女孩可能會對他說什麼？」

唐妮雅：「女孩可能會說：『你走開。』」

媽媽：（把唐妮雅的回答加入列在紙右方的回答）「好，如果男孩把女孩推開，女孩可能會有什麼感受？」

亞歷斯：「很生氣！」

媽媽：「如果男孩把女孩推開，女孩可能會覺得很生氣（把這個回答加入其他的回應中）。讓我們看看，如果這個男孩採用亞歷斯的辦法來解決問題，所有可能會發生的事情。」（把紙右方的反應一一唸出）

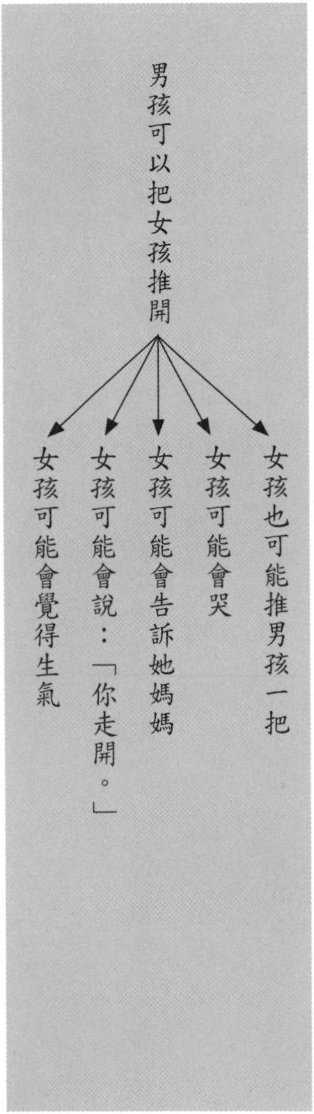

男孩可以把女孩推開

- 女孩也可能推男孩一把
- 女孩可能會哭
- 女孩可能會告訴她媽媽
- 女孩可能會說：「你走開。」
- 女孩可能會覺得生氣

媽媽：「你們很棒，想到接下來可能發生的各種不同狀況。我們以後再用不同的問題來玩這個遊戲，但是現在讓我們吃點心去。」

無聊的感覺一掃而光，孩子圍在柯瑞娜身邊等著吃點心。這個帶領孩子考慮行為後果的入門課程花費很少的時間，但是卻相當成功。

考慮行為後果的過程

你從柯瑞娜在假設性問題的遊戲中可以看出，引導思考行為的後果，不過就是界定問題，想出解決問題的辦法，然後問「接下來會發生什麼事？」把孩子的回答寫下來，把解決的辦法和其後果劃箭頭連結起來，幫助孩子看出（即使他們還不識字），一個行為會導致另一個行為。

就像柯瑞娜，你會發現，當你開始和孩子一起考慮行為的後果時，遵行這些簡單的步驟，大有裨益：

1. 陳述問題，或是讓孩子陳述問題。
2. 按照一慣的做法，引導孩子找出其他的辦法。
3. 遇到所提出的辦法中包含肢體碰觸狀況時，暫停一下，要孩子想想行為的後果。

（一般而言，「打」、「搶」、「告訴別人」都是適合開始做這類討論的情況。）

4.把孩子解決問題的辦法寫在紙的左方。

5.宣布你要開始編一個不同的故事，思考接下來可能發生的事。請孩子想出許多不同的回答。

6.把每個回答寫在紙的右側，把解決辦法和每個回答中間劃上一條連結線。

就讓孩子開始嘗試思考行為的後果吧。你可以用類似這樣的問題開始：凱爾有蠟筆，而塔拉有彩色筆。凱爾想用塔拉的彩色筆。他該怎麼做才能使用塔拉的彩色筆呢？然後再請孩子說出，凱爾這些辦法，可能引發的各種不同的情況。

（請注意，上述問題用了「使用」一詞。如果你問孩子：「你能做什麼去拿到塔拉的彩色筆？」那你簡直就是建議孩子回答類似「直接拿走。」的這種答案。）

有用的提示

◎提示一：思考後果，多多益善

你可以利用鼓勵孩子思考更多解決問題辦法的相同方式，來讓孩子多多思考行為的後果——但可不要讓孩子認為第一個辦法是「錯的」。要讓孩子明白，你要他們想出更多行為的後果，因為想出很多接下來可能會發生的不同事件是很有趣的——而不是因為你不喜歡他們的第一個說法。所以，當你開始請他們思考不同的後果時，你要說：「那是可能發生的一種情形。現在，這個遊戲的目的是要想出很多可能會發生的事情，如果……」

◎提示二：繼續引導孩子思考更多後果

如果孩子對你的問題：「接下來會發生什麼事？」想不出更多的回答，問他們，「——可能會說什麼？」或甚至問：「——可能會怎麼做？」

◎提示三：處理連鎖反應（chain reaction）

你只要討論直接的後果，而不是連鎖的反應。舉例來說，如果強恩推開派翠西，可能發生的直接後果之一是：派翠西倒推他一把。當你要孩子再想出另一個後果，孩子可能會說：「然後強恩可能會拿積木丟派翠西。」但是強恩丟積木的舉動並不是他一開始把派翠西推開的直接後果——這是他被派翠西回推一把之後的接續反應。

如果孩子提供的後果是連鎖反應，對他說明原因，然後回到原先的課題上。譬如，你可以說：「這是**如果**派翠西也推了強尼以後，**可能**會發生的事。但是，記住，我們要想的是，一開始當強尼推開派翠西之後，緊接著**可能**會發生的事情。你第一個想法是，派翠西**可能**會倒推強尼一把；還可能發生什麼其他的事情呢？」

◎提示四：處理含糊或是顯然不相干的回答

用你處理孩子思考其他辦法的相同方式來處理含糊和顯然不相干的回答。首先，要知道孩子在想什麼；特別要緊的是，要問孩子，行為來自哪個人。例如，在那個小男孩想餵倉鼠吃東西的問題中，「把食物搶過來」的回答可能是來自男孩解決問題的反應，也可能是女孩因應行為的後果。在這種情況下，你應該要求孩子解釋，是誰搶走食物。然後如果孩子說，是男孩搶走食物（這算是男孩解決問題的辦法），你可以接著說：「這是這個男孩能餵食倉鼠的一個方法，記住，我們現在要想的是，如果男孩把女孩推開，這個女孩可能說什麼，或做什麼。」

◎提示五：對「沒事」和「我不知道」的回應

當你問孩子：「接下來可能會發生什麼事？」他們可能會回答：「沒事。」或是：「我不知道。」這兩種回答有可能是真心的，顯示他們腦筋打結，想不出任何答案，但是，這兩者也有可能表示，孩子不在乎，不願意再多加思考，或是他們不想再繼續玩這個遊戲。如果發生這種情況，試著釐清究竟這是屬於「我想不出來」或是「我不在乎」的回答。如果孩子在那個時候沒有興趣玩「我能解決問題」的遊戲，休息一下，以後還有的是機會玩「我能解決問題」的遊戲。而如果是孩子腦筋打結，想不出任何回答，你可以繼續用對話的方式，鼓勵他們思考這些辦法的後果。

如果孩子對於你問「接下來可能會發生什麼事？」的回答是：「沒事。」，你可以說：「也許不會發生什麼事，但是你可以自己編出一個可能會發生的事。」鼓勵孩子「假想」出一個後果。

如果孩子說：「我不知道。」你可以附和說，沒有人能夠真正確定接下來會發生什麼事，但是仍然鼓勵他們，以假設和編故事的方法，想像可能會發生的事，繼續玩這個遊戲。

◎提示六：處理機械性舉例的問題

如同你在一開始要孩子思考其他解決之道時所見，有些孩子所給的回答，內容雖略有變化，但是主旨相同，不是真正不同的回答。如果你要孩子說出後果時，發生同樣的情形，你可以告訴孩子，這些事情其實「有點相像」，因為他們都是（例如，告訴另一個人）。然後再請他們思考可能發生的不同事情。

相似於在尋找解決問題的辦法時可能使用的機械性舉例，孩子在考慮行為後果時，可能說出的機械性舉例包括：

告訴她媽媽／告訴她爸爸／告訴老師（都是告訴某個人）

打／揍／刮耳光（都是傷害別人）

大吼／大叫／喊叫（都是用聲音表達怒氣）

解決問題的辦法及其後果

一旦你的孩子似乎了解了解決問題的辦法帶有後果的概念，你就可以經由結合尋找其他解決辦法及其後果的思考，而採用簡短版本的「**解決辦法——後果**」的遊戲。

假設你把以下的問題告訴孩子：

德瑞克想玩貝娣的玩具，德瑞克如何能有機會玩這個玩具？

首先，要孩子想一個解決問題的辦法：

辦法一：他可以問貝娣。

然後請孩子想一個可能的後果：

後果一：貝娣讓德瑞克玩她的玩具。

在孩子有興趣，時間也許可的情況下，繼續要孩子思考「解決辦法—後果」的組合。這個例子可能的組合包括：

1. 德瑞克可以踢貝娣。 →貝娣會哭。
2. 德瑞克可以說：「我不跟妳做朋友了。」→貝娣不會在乎。
3. 德瑞克可以問貝娣。 →貝娣會讓她玩。
4. 德瑞克可以用蠟筆換彩色筆。 →貝娣會跟他交換。
5. 德瑞克可以用搶的。 →貝娣會搶回來。

當我們用遊戲的方式讓孩子學習，對孩子來說，這種思考過程就會成為一種好玩、有趣的活動。然後，當孩子以後遇到實際問題要解決的時候，你會發現，他們會很樂意、很熱切考慮你的建議：「你碰到一個問題；讓我們想想解決的辦法，也考慮這些辦法的後果。」或是更簡短一點，就像有一天我們聽見愛麗森對亞歷斯所說的：「讓我們來做**『我能解決問題』**吧！」

◎玩偶遊戲

一如往常，玩偶是幫助孩子練習新的「我能解決問題」技巧的一種有趣的方式。在柯瑞娜告訴孩子男孩與倉鼠問題不久之後，有一天她沒有上班，在家陪唐妮雅，因為唐妮雅生病，喉嚨痛、耳朵痛。知道唐妮雅向來喜愛玩偶遊戲，於是，柯瑞娜拿出歐力和皮皮，幫唐妮雅打發時間，也幫她多練習思考解決問題的辦法及其後果。她們玩偶劇短短的演出大概是這樣：

媽媽：「喔，親愛的，歐力和皮皮遇到一個問題，它們需要有人幫忙解決這個問題。」

皮皮：「歐力用我的水彩顏料。」

歐力：「沒有，我沒有。這些是我的顏料。」

媽媽：「唐妮雅，歐力和皮皮對問題的看法相同或是不同？」

唐妮雅：「不同。」

媽媽：「這就表示我們有一個問題要解決。皮皮，你感覺如何？」

皮皮：「很生氣，如果歐力不把顏料還我，我就要一拳打在它臉上。」

媽媽：「唐妮雅，**如果**皮皮一拳揍到歐力臉上，**可能**會發生什麼事？」

唐妮雅：「我想歐力會告訴它媽媽。」

媽媽：「這是**可能**發生的一種狀況。還**可能**發生什麼事？」

唐妮雅：「它**可能**會哭。」

媽媽：（嘗試澄清可能是不相干的回答）「誰可能會哭？」

唐妮雅：「歐力。」

媽媽：「如果皮皮打它，歐力可能會哭。還可能發生什麼其他的事？」

唐妮雅：「歐力可能會回打皮皮一拳。」

媽媽：「這是另一件**可能**會發生的事。還有什麼辦法，皮皮可以讓歐力把顏料還給它，所以歐力不會哭，也不會打它？」

唐妮雅：「**也許**皮皮可以用其他的玩具來換顏料。」

媽媽：「**如果**皮皮這樣做，**可能**會發生什麼事？」

唐妮雅：「歐力**可能**會說：『好吧！』然後就給皮皮一些顏料。」

在這幕玩偶劇裡，柯瑞娜開始對思考行為後果的想法有多一點的要求。當第一個辦法的後果似乎不能令人滿意時，她要求女兒考慮另一個辦法。這就是運用「**我能解決問題**」的方法來解決問題的終極目標——要評量行為的後果，決定這個辦法是個好辦法，或者不是個好辦法。

評量解決問題的辦法

愛麗森和亞歷斯把在唐妮雅家所玩的小倉鼠問題一五一十地告訴媽媽。所以，過幾天，瑪麗重提倉鼠的問題，繼續練習解決問題的辦法帶有後果的這個概念。她同時也想要在這個概念上再加上另一層思考，那就是，有些後果讓一個辦法成為好辦法，而有些後果則讓一個辦法顯得不怎麼妙。當孩子能了解到這點，他們就能夠自行判斷，是否應該執行某個想到的辦法。同時，從他們尋找解決問題的辦法的遊戲中，他們也學到，當他們所想到的辦法不能真正解決問題時，他們總還有不同的辦法可想。這就是我所謂，「我能解決問題」的訓練在於教導孩子如何思考，而不是思考什麼，這樣一來，假以時日，他們就能夠成功解決生活中發生的問題。

瑪麗揭開序幕：「還記得一個男孩想餵倉鼠吃東西，所以他決定把那個女孩推開的故事嗎？記得你們說，如果那個男孩子把那個女孩推開，那個女孩可能會推那個男孩一把，也可能會哭，或是告訴她媽媽？讓我問你們每人一個問題：愛麗森，如果把那個女孩推開會導致發生上面所說得這些事情，那麼你想，把女孩推開是一個好辦法嗎？」

「不是。」愛麗森說。

「為什麼這不是一個好辦法？」媽媽繼續問。

「因為那就不是一個好辦法。」

因為想要從愛麗森那裡得到更確切的理由，媽媽又問：「你想，女孩被人推開，她的感受如何？」

「也許會難過或是生氣。」

「推人是個好辦法或者不是個好辦法？」

「不是一個好辦法。」

「亞歷斯，」媽媽問道：「你認為呢？如果推人可能讓那個女孩倒推那個男孩一把，哭，或是告訴她媽媽，那麼這是一個好辦法或者不是一個好辦法？」

「不是一個好辦法。」亞歷斯同意愛麗森的看法。

「嗯，那麼，如果推那個女孩不是一個好辦法，那麼這個男孩還有什麼不同的辦法可想，所以他可以去餵那隻小倉鼠？」

「也許他可以用問的。」亞歷斯建議。

「我要把這點寫下來。」媽媽說。「現在讓我們想想，如果他用問的，接下來可能會發生什麼事？愛麗森，再來可能會怎樣？」

「她可能會答應。」

「但是，」亞歷斯大聲說，「她也可能不答應！」

「好，」媽媽說，把這個結果也寫在紙上。「我寫下來『女孩可能答應，或是，她可能不答應』亞歷斯，現在你能想到如果男孩用問的，所可能發生的不同事情嗎。」

「女孩可能會說他們可以一起餵。」

「好，讓我們把這點記下來。」

男孩可以用問的。
→ 女孩可能答應（或不答應）
→ 女孩可能讓他一起餵

「現在，」媽媽說，指著那張紙，「如果男孩開口問女孩，女孩可能答應或不答應，女孩也可能讓他一起餵。亞歷斯，你想用問的是個好的解決問題的辦法嗎？」

「是的。」

「為什麼呢？這樣有解決男孩子的問題嗎？」媽媽問。

「有啊，如果女孩答應的話。」

「那如果女孩說不可以，男孩子怎麼辦？」媽媽問。

「我知道！」愛麗森插嘴說，「他可以想個不同的辦法。」

「對，他可以，」媽媽回答，「當第一個辦法竟然不是一個那麼好的辦法時，你永遠可以嘗試另一個辦法。」

經由考慮行為的後果來評量解決問題的辦法，對於像亞歷斯這種很衝動的解決問題者而言，是一項特別重要的技巧。通常亞歷斯的方式就是，想到一個解決問題的辦法就馬上去做。在做出任何行動之前先練習這項思考的技巧，將會大大幫助亞歷斯與他人交往的方式。

◎提示七：處理不妥當的解決辦法

當你賦予孩子思考解決自己問題的自由，偶爾，他們也會想出一些你可能不太喜歡的辦法——就好像，把女孩從倉鼠的籠子旁推開，一開始對亞歷斯而言，好像也是個很棒的解決方法。但是不要擔心；研究結果顯示，當孩子學會使用「我能解決問題」的方法思考，假以時日，他們比較不會採取那些不能真正解決問題的辦法。不過瑪麗還是能夠利用多和亞歷斯對話的方式，讓亞歷斯多思考一點辦法的後果，幫亞歷斯想出對別人較沒有壞處的辦法來。

同樣的，孩子可能會認為，從朋友那裡搶玩具是一個好辦法，因為「我會得到我想要的東西。」如果孩子提出的辦法是不恰當或是令人不悅的，你可以藉由問類似以下的問題，讓他們重新評估他們的想法。

「如果你這樣做，＿＿＿＿會覺得怎麼樣？」

「如果你這麼做，可能會發生什麼其他的事？」

「如果發生那種事情，你的感覺如何？」

「你能做什麼不同的事，所以那種事情不會發生？」

日常應用：遇到有問題的狀況

「我能解決問題」的遊戲和活動，幫助孩子了解，不同的辦法會有不同的後果。這會幫助他們，在真實的狀況下，親自發覺，他們所決定的某個辦法，是否真能解決問題。

就讓我們假設說，你的孩子告訴你，她認為，如果她願意交換條件，晚一點再去騎腳踏車，她就可以讓朋友和她一起玩跳格子。在你引導她思考過這個辦法的後果，如果她認為這是一個好辦法，那就告訴她：「去試試這個辦法。」

如果這個辦法奏效，那就說：「喔，這都是妳自己想出來的辦法，妳是一個很會解決問題的人！」

如果這個辦法不管用，那就說：「妳必須再想個不同的方法，我知道妳是一個很會思考的人！」

如果孩子提出一個負面的解決辦法，像是用威脅的方式，那你可以問孩子：「可能會有什麼後果？」還有，「別人會有什麼感受？」，然後幫忙孩子了解還有其他解決問題的辦法。

讓我們看看瑪麗如何運用一套完整的對話，幫助愛麗森解決她和亞歷斯之間的問題：

媽媽：「你為什麼從亞歷斯那裡把蠟筆搶過來？」

愛麗森：「因為他從來不讓別人用他的東西。」

（這樣做就是界定問題。）

媽媽：「你想，當你把蠟筆從亞歷斯手上搶過來，亞歷斯有什麼感覺？」

（媽媽要愛麗森考慮亞歷斯的感受。）

愛麗森：「生氣。」

媽媽：「那接下來可能會發生什麼事？」

（媽媽要愛麗森思考她的行為的後果。）

愛麗森：「他會打我。」

媽媽：「如果真是這樣，那妳會有什麼感受？」

（愛麗森也考量自己的感受。）

愛麗森：「會傷心，生氣。」

媽媽：「用搶的是讓妳可以拿到蠟筆的一種辦法，妳能不能想到不同的做法，讓亞歷斯不會生氣，而妳也不會傷心難過？」

愛麗森：「我可以問他。」

（愛麗森自己思考其他的辦法。）

媽媽：「那是一個不同的想法。如果妳問他，妳想接下來會發生什麼事？」

（媽媽要愛麗森預測這個辦法的後果。）

愛麗森：「他也許會說好。」

媽媽：「那妳就去試試看這個辦法。」

愛麗森：「我能用你藍色的蠟筆嗎？」

亞歷斯：「不可以！」

媽媽：「這個方法沒有用。妳能想到第二種不同的方法嗎？」

愛麗森：「我可以說：『我會讓你用我的彩色筆。』」

（愛麗森想出另一個不同的辦法。）

媽媽：「如果妳這樣做，接下來可能發生什麼事？」

（媽媽也要愛麗森預估這個辦法的後果。）

愛麗森：「這次我想他會願意借我。」

媽媽：「那就試試看。」

愛麗森：「亞歷斯，如果你讓我用你的藍色蠟筆，我就讓你用我的彩色筆。」

亞歷斯：「好啊。」

媽媽：「這都是妳自己想出來的辦法。妳是一個很會解決問題的人。」

長話短說

這場對話所花的時間不會長過瑪麗罵愛麗森搶東西，教訓亞歷斯要分享自己的東西，然後要調解絕對會接踵而來的一番爭辯。甚至在孩子已經養成考慮別人的感受、思考其他解決問題的辦法及其後果的習慣以後，家長通常可以簡化親子間的「我能解決問題」對話。因為愛麗森通常是個很好的解決問題者，瑪麗應該可以簡單問：「妳能想到不同的辦法來解決妳的問題嗎？」，來幫助愛麗森解決上面例子中的問題。

即使是像亞歷斯這種比較衝動型的解決問題者，在花了夠長的時間練習這些思考技巧，了解整個概念以後，也會對簡短的「我能解決問題」對話有所反應。有一天，吃晚飯前，亞歷斯想讓媽媽准他玩電動玩具。媽媽問了一個問題，免除了亞歷斯的吵鬧：「當我必須在你玩到一半的時候打斷你，那麼你吃晚飯時的心情會是怎樣？」

「很——沮——喪。」亞歷斯回答，得意的說出這個新學會，很艱深的用詞。

然後瑪麗又問：「你現在能想件不同的事情做，所以不至於在玩得正好時就被打斷嗎？」

想了一分鐘以後——這對亞歷斯而言，是很大的進步——他說：「我到外面打球。」一場簡短的「我能解決問題」對話，在這件事上，對亞歷斯也同樣有效。

跟著「我能解決問題」的課程成長

使用「我能解決問題」對話，除了對幫助孩子思考實際生活中的問題有所助益，你可能也會注意到，當孩子持續練習這些思考技巧時，他們在行為上頭也有全面性的改變。唐妮雅、亞歷斯、愛麗森三人，在學習「我能解決問題」的技巧後，都有很顯著的成長。

就以唐妮雅來說，她不但在玩「我能解決問題」遊戲時變得比較有自信，願意表達意見，她也學會如何和別的孩子有更好的溝通。「我能解決問題」的訓練並沒有完全改變唐妮雅害羞的個性，但是她不再像以前那麼膽小、畏怯，不敢接近別的孩子；

這個訓練幫助她懂得處理自己的感受，知道如何與人交往。在第五章裡，當唐妮雅想和別的女孩玩跳繩，她能夠想到不同的方法來達成目的（「如果妳需要另外一個人拉住繩子，我可以幫忙。」）這是唐妮雅和別的孩子相處上的一大突破。又有一次，唐妮雅的媽媽看見，正當唐妮雅要坐上盪鞦韆時，有另外一個孩子搶先跳了上去。在接受「我能解決問題」訓練以前，唐妮雅一定會覺得很傷心，很挫折地走開；搞不好她還會哭著跑來找媽媽。但是這一次，唐妮雅想到一個不同的方法來因應。她站在鞦韆旁，開口說：「你玩完了，就輪到我了。」

沒有學過「我能解決問題」的害羞孩子，遇到有人際衝突的情況就會躲開，因為他們沒有信心，不知道該說些什麼，該如何應付。但是，唐妮雅現在敢開口說話了，這就是「我能解決問題」課程能夠影響她應付衝突狀況的明顯證據。

亞歷斯對待別人的方式也顯現出令人注目的成長。很明顯的，他似乎對小弟弟彼得的感受在意多了。特別是有一次，瑪麗走進彼得的房間，發現彼得在哭，而亞歷斯卻拿著彼得的小毯子。「發生了什麼事？」瑪麗問道。

「亞歷斯拿走彼得的毯子。」愛麗森說。

「但是，讓我告訴你原因。」亞歷斯分辯。

「這種反應的方式，」瑪麗後來告訴我，「讓我很詫異。亞歷斯知道，讓我知道真正的問題所在是很重要的。我原來以為他拿走彼得的毯子好叫彼得哭，就如他往常的行徑一般，但真正的原因是，亞歷斯想要用那個毯子替彼得做一個小帳篷。

「我想這樣會讓彼得高興。」亞歷斯這樣告訴媽媽。

「我很高興『我能解決問題』的訓練教會我不要急著衝進去，開始罵亞歷斯拿走彼得的東西。我那個小麻煩其實是想做件好事，而『我能解決問題』的訓練幫助我們兩人了解真相。」瑪麗沒有處罰亞歷斯，反而幫助他了解，彼得會哭是因為亞歷斯拿走他的東西。然後，瑪麗幫助亞歷斯思考不同的辦法，在不會惹弟弟難過的情況下，為他搭一個帳篷。

即使和朋友也一樣，亞歷斯想出不同的，比較不激烈的方式，來解決自己的問題。例如，有一天在幼兒園，亞歷斯叫理察從玩具拖車下來，因為「現在輪到我了」當理察回說，「我正在騎。」亞歷斯沒有打他或踢他，製造另一重問題。「如果你把車子讓給我」亞歷斯說，「我等一下就還給你玩。」

理察沒有回答。

亞歷斯接著問：「為什麼我不能玩？」

「因為，」理察回答，「我需要用它，我正用它拖這些石頭。」

「我跟你一起拖石頭，好嗎？」亞歷斯大聲問。

「好啊，」理察說。然後兩個男孩子就一起玩這個小拖車。

亞歷斯當然還沒有完全脫離會打人、踢人的日子；要把某種思考形態轉化成自然的反應，需要相當長的一段時間。但是目前看來，亞歷斯在完成「我能解決問題」課程的過程中，他已經展現出可觀的進步跡象。現在他開始學習各種可能解決問題的方法，了解這些辦法所帶來的後果，他也更能有效解決自己的問題。這種能力讓他較少感到挫折，也讓他和家人及朋友的相處更為融洽。

即使是愛麗森，她天生就是一個善於解決問題的人，「我能解決問題」的訓練也讓她受益良多。「我能解決問題」對問題的思考過程，提升與強化了她天賦的能力。像愛麗森這樣的孩子，增強這些技巧也可能預防未來的問題，因為這種思考方式可以潛移默化。由於愛麗森本能的思考技巧有了全家人的認可與支持，這個學習的過程也幫助愛麗森能繼續在「我能解決問題」的道路上邁進。

資源重整

「我能解決問題」訓練的步驟僅止於此。現在你已經有了全部所需的步驟，來使用完整的「我能解決問題」對話，幫助孩子解決他們的問題。

把所有的步驟組合起來，一個完整的「我能解決問題」對話包含四個部分：這樣的對話幫助孩子：

1.界定問題；

2.了解自己和別人的感受；

3.思考解決問題的辦法；

4.預測執行辦法的後果。

回顧第一章，瑪麗剛開始接觸「我能解決問題」課程時，感覺可能就和你一樣，不確定自己該做什麼，對於要反省自己告訴孩子該做什麼——「不要搶東西！」——，或者是對孩子解釋——「因為你可能失去一位朋友。」——的本能傾向也有著一絲的不安。在那個入門時刻，我附上一段完整對話的例子，描述瑪麗後來如何學習幫助亞歷斯思考自己搶玩具的問題來做為概述。瑪麗花了一段時間才成為一名忠誠的「我能解決問題」媽媽。還有，在一開始，這些對話對你而言，可能顯得冗長又太一板一眼。當是，現在你已經完成全部的課程，再回過頭來看，你可以看到，這些對話只是按照上述的四個步驟進行：

媽媽：「亞歷斯，老師告訴我，你又搶別人玩具了。告訴我，是怎麼一回事。」

（媽媽幫助孩子界定問題）

亞歷斯：「強納生玩我的磁鐵玩具，他不還給我。」

媽媽：「你**為什麼**在那個時候想把玩具要回來呢？」

亞歷斯：「**因為**他已經玩很久了。」

媽媽：「你把玩具這樣搶走，你想強納生會有什麼感覺？」

（媽媽幫助孩子想到其他孩子的感受。）

亞歷斯：「很生氣，但是我不管；那是我的玩具。」

媽媽：「你把玩具搶過來的時候，強納生有什麼反應？」

（媽媽幫助孩子思考自己行為的後果。）

亞歷斯：「他打我。」

媽媽：「那你感覺如何？」

（媽媽幫助孩子也思考自己的感受。）

亞歷斯：「很生氣。」

媽媽：「你很生氣，你的朋友也很生氣，然後他打了你。你能不能想想**其他的辦法**來拿回玩具，所以你和朋友都不會生氣，並且強納生不會動手打你？」

亞歷斯：「我可以用問的。」

媽媽：「這樣做的話，接下來可能會怎樣？」

（媽媽也引導孩子思考正面行為的後果。）

亞歷斯：「他會說不要。」

媽媽：「他可能會說不要。那你還能想到**其他辦法來**要回你的玩具嗎？」

（媽媽繼續專注在孩子的問題上，鼓勵孩子想更多辦法。）

亞歷斯：「我可以讓他玩我的火柴盒小汽車。」

媽媽：「你很會想喔，你想到兩種不同的辦法了。」

這「一長串」的對話，描述了「我能解決問題」思考的每一個步驟，但卻只花了不到一分鐘的時間——而且這些對話還能更簡短，也依然有效。在亞歷斯熟悉「我能解決問題」對話的四個步驟以後，媽媽能夠用更為簡短的對話，來引導亞歷斯重新導正自己對某個問題的思考方式。對搶玩具的問題，她可以簡單的說：「亞歷斯，你能不能想個不同的辦法來拿回你的玩具，所以你和強納生都不會生氣，強納生也不會打你？」光是這樣說，這種問話通常就足以引導亞歷斯考慮到情緒感受、其他辦法及其後果。

在早先的對話中，或長或短，亞歷斯的媽媽都沒有企圖站在自己的觀點，用「正確的」方法來解決問題。她沒有叫兒子和別人分享玩具（就她所見，亞歷斯已經和別人分享玩具了。），也沒有解釋為什麼亞歷斯不應該搶玩具。媽媽的問題幫助亞歷斯思考遇到的問題，考慮自己及別人的感受、也思考自己行為的後果與其他的選擇。這就是「我能解決問題」的思考技巧。

正如亞歷斯，你的孩子現在也擁有所需要的技能，來思考他們在與人交往的過程中所遇到的任何問題。有了「我能解決問題」的訓練，我們沒有告訴孩子該怎麼辦，但是孩子知道該如何思考——終其一生，當他們遭遇困難時，這才是真正的關鍵。

當你完成在書中第一部分所仔細闡述的遊戲、活動及玩偶遊戲時，通往一個更快樂、更滿足生活的「我能解決問題」的大門已經為你敞開，但是不要讓孩子只駐足於殿堂門口。現在正是建立使用這些思考技巧習慣的好時機。每一天，面對任何新的問

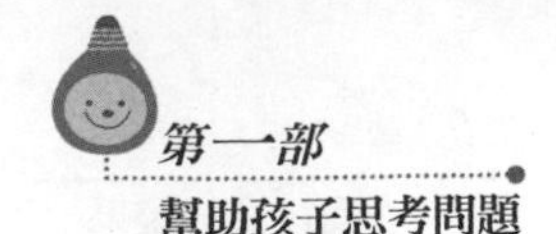

題時，要牢記「我能解決問題」的方法。你可以用「我能解決問題」的方法來討論發生在故事書中、電視上、新聞報導裡、社區間，還有，理所當然的，在自己家裡的問題。「我能解決問題」的方法可以成為讓孩子終身受用的一種思考技巧。

本書的第二部分乃是附錄，做為你將來繼續使用「我能解決問題」方法的資料庫。這部份以簡易的索引方式，列出對人際認知問題解決法（「我能解決問題」）技巧有所助益的遊戲和活動；然後又提供對話的範例，幫助你很快喚起記憶，不必再重新閱讀全篇文章。

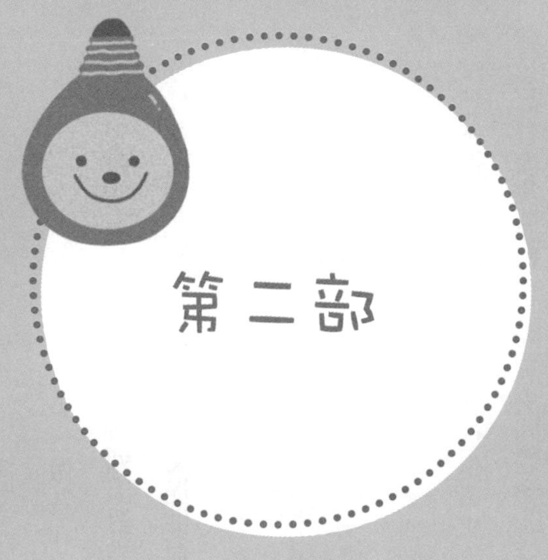

第二部

資源整合

第7章「我能解決問題」：遊戲與活動

在本書的第一部中，從頭到尾，你已經看到亞歷斯、愛麗森，及唐妮雅玩了許多「我能解決問題」的遊戲和活動。你大概也利用他們的例子做為跳板，教導自己的孩子「我能解決問題」的技巧。但是就像學習任何新的技巧，把過程走過一次其實只是開端。技巧需要經過一次又一次的練習才能純熟，無須別人提醒。

列出以下的遊戲乃是要提供你更多想法來練習「我能解決問題」技巧。這些遊戲提供一些和孩子交談的方法，會加深他們對用來解決問題所需的詞彙與情緒感受的了解。這些遊戲可以提醒你，在你坐下來吃飯、開車出去辦事、甚至在輔導孩子做作業時，都有機會練習「我能解決問題」的技巧。

但是要記住，這些只是建議。他們只是你玩「我能解決問題」文字遊戲無數方法中的一些例子。其實，因為一天當中，玩「我能解決問題」遊戲的時刻隨時可能發生，你可能需要隨身帶一本「我能解決問題」的筆記本，把你的想法寫下來，也記錄某些，對你而言特別有效果的，「我能解決問題」的活動。日積月累，當你偶爾回顧這一章，重溫「我能解決問題」的教導，這會成為你手邊很方便的一個參考資料。

不管是玩什麼遊戲，要記得，只使用孩子明瞭的概念。例如，如果你四歲大的孩子還無法區分得意及挫折的情緒，那就不要在遊戲中使用這些字眼。你可以採用我的建議來搭配你在家裡所玩的遊戲與孩子的程度。

隨時可玩的文字遊戲

◎是／不是

「＿＿＿＿**是**一位籃球（棒球等）選手。他**不是**一位＿＿＿＿選手。」

「今天**是**星期二，今天**不是**＿＿＿＿。」

◎或是／和（又）

「今天天氣很熱**又**＿＿＿＿。」

「你可以用彩色筆**或是**＿＿＿＿，為圖畫上顏色。」

◎一些／全部（所有）

「**所有**的孩子都在這個房間裡，或是**有些**孩子在房間裡？」

「你把**一些**玩具收好了，或是，你把**全部**的玩具都收好了？」

◎相同／不同

「這個一分錢的銅板和五分錢的銅板看起來**相同**或是**不同**？」

「你和朋友喜歡吃**相同**的東西或是**不同**的東西？」

◎也許／可能

「你應該帶把傘，如果你認為今天**可能**＿＿＿＿。」

◎之前／之後

「你在奶奶出生**之前**或是**之後**出生的？」

「你應該在穿襪子**之前**或是**之後**穿鞋子？」

◎**如果／那麼**

「**如果**我們坐著，**那麼**我們就不可能。」

「**如果**你在玩黏土，**那麼**你就不能。」

◎**為什麼／因為**

「今天是適合游泳的好日子，你能不能猜猜看，**為什麼**今天是游泳的好日子？」

「你能不能替我說完這個句子？今天我應該穿外套，**因為**＿＿＿＿。」

◎**公平／不公平**

「今天在學校有沒有發生什麼**不公平**的事？」

◎**情感的考量**

「有什麼事情會讓媽媽（爸爸、哥哥、姊姊、弟弟、妹妹等）感到**高興**？**難過**？**生氣**？**得意**？**挫折**？」

「你做什麼事情會讓媽媽（爸爸、哥哥、姊姊、弟弟、妹妹等）感到**高興**？**難**

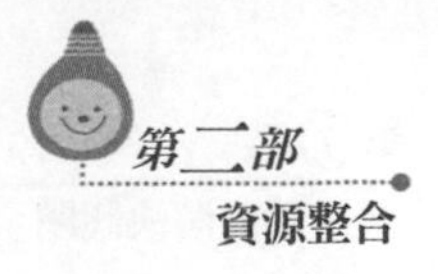

過？生氣？得意？挫折？」

「你最近感到**高興**、**難過**、**生氣**、**得意**、**挫折**是什麼時候？」

「當你做完這件事，你會感到**高興？難過？生氣？得意？挫折？**」

「當你的球隊贏球的時候，你有什麼**感覺**？」

「今天有沒有發生什麼事情讓你感到**高興？難過？生氣？得意？挫折？**」

「你怎麼知道你養的寵物是**高興？難過？生氣？**」

「有時候綁鞋帶滿困難的。當你綁好鞋帶，你覺得**得意或是挫折**？」

上床時間玩文字遊戲

◎是／不是

「現在**是**上床時間，現在**不是**————的時間。」

◎或是／和（並且）

「當你睡覺的時候，你希望房門打開**或是**關起來？」

「當你上床的時候，把燈關掉，**並且**把門打開（關上）。」

◎一些／全部

「你想和**一些**洋娃娃一起睡覺，或是和**全部**的洋娃娃一起睡覺？」

◎之前／之後

「你在上床**之前**或是**之後**刷牙？」

◎如果／那麼／可能

「**如果**你很晚上床睡覺，**那麼**，明天早上**可能**會怎樣呢？」

「**如果**你睡覺不蓋毯子，**那麼可能**會怎樣呢？」

◎現在／晚一點

「如果你**現在**不上床，那麼可能會怎樣？」

「哪個主意比較好，**現在**上床睡覺或是**晚一點**上床睡覺？」

◎為什麼／因為

「你知道**為什麼**我們每天晚上要睡覺嗎？」

◎公平／不公平

「為什麼你認為哥哥比你晚一點上床睡覺是一件**不公平**的事？」

◎情感的考量

「你對上床時間有什麼**感覺**？」

「早上該起床的時候，你有什麼**感覺**？」

做作業時玩文字遊戲

通常當你和孩子討論回家作業時，可以和他們玩「我能解決問題」的文字遊戲。還有，孩子就讀低年級的時候，常常會從學校帶回一些在學校寫的作業紙，上面有字母、顏色，和不同的圖案形狀。當你和孩子一起複習這些功課時，你可以用「我能解決問題」的詞彙來加強孩子的課業。下面的例子可以給你一點主意，看看如何結合學校作業和「我能解決問題」的訓練。

◎是／不是

「這**是**字母A，**不是**字母（孩子回答）。」

「這**是**一個圓圈，這**不是**一個（孩子回答）。」

◎或是／和

「這是A**或是**B？」

「這是你的拼字作業**或是**你的數學作業。」

「今天晚上你有兩種回家作業。你有閱讀的作業**和**————的作業。」

◎一些／全部

「把**全部**的圓圈圈指給我看。」

「指出這張紙上的**一些**正方形，但不要指出**全部**的正方形。」

◎相同／不同

「把兩個**不同**顏色的圓圈指給我看。」

「找出兩個**相同**顏色的圓圈和一個**不同**顏色的圓圈。」

◎之前／之後

「按照順序，字母B在字母C**之前**或是**之後**？」

「數字5在數字2**之前**或是**之後**？」

◎如果／那麼／可能

「**如果**你的作業寫得很好，**那麼**明天在學校**可能**會怎樣？」

「**如果**你把拼字學好，**那麼**你的拼字考試**可能**會考得如何？」

◎為什麼／因為

「回家作業很重要，**因為**＿＿＿＿＿。」

「你想老師**為什麼**叫你做回家作業？」

◎公平／不公平

「抄襲同學的功課**公不公平**？」

◎情感的考量

「做功課讓你有什麼**感覺**？」

「如果你不做功課，明天在學校，當老師要求檢查功課的時候，你想你會有什麼**感覺**？」

「你的老師替你的回家作業打了一顆星。你有什麼**感覺**？（如果必要的話，加上：得意？或是挫折？）」

「我知道你試著要解決這道數學題，但是這道題對你滿難的；你有什麼**感覺**？（如果必要：得意或是挫折？）」

吃飯時間玩文字遊戲

◎是／不是

「這**是**比薩餅，**不是**＿＿＿＿＿。」

◎或是／和

「這**是**比薩餅**或是**一顆蛋？」

「比薩餅的原料**是**麵團、起司，**和**＿＿＿＿＿。」

◎一些／全部

「你把比薩餅**全部**吃光了，或是吃掉**一些**？」

◎相同／不同

「找出**一樣**和比薩相同顏色的東西給我看。」

「找出桌上和比薩餅形狀**不同**的一樣東西。」

◎也許／可能

「如果你一個人把全部的比薩餅吃掉，**可能**會發生什麼事？」

◎之前／之後

「在上床睡覺**之前**或是上床睡覺**之後**吃比薩餅？」

◎現在／晚一點

「你想要**現在**或是**晚一點**再多吃點比薩餅？」

◎如果／那麼

「**如果**這是比薩餅，**那麼**這就不是——。」

「**如果**你把汽水倒進杯子裡，**那麼**你就不能在杯子裡放——？」

◎為什麼／因為

「你不能把全部的比薩餅吃掉，**因為**——。」

「你不能每天晚上都吃比薩餅，**因為**——。」

◎公平／不公平

「如果我自己吃兩片比薩餅，但是只給你一片比薩餅，這樣**公不公平**？」

「把比薩餅全部吃光，連一片都沒留給爸爸，這樣**公平**嗎？」

◎情感的考量

「是有一大塊比薩餅或是有一小塊比薩餅會讓你覺得**高興**？」

「拿到一大塊比薩餅，有誰會**不高興**嗎？」

「我們大家對比薩餅的喜好相同，或是有些人對比薩餅**感受**不同呢？」

買菜時玩文字遊戲

◎是／不是

「這是食品店，**不是**＿＿＿＿。」

「指出紅色的水果。」

「找出**非**紅蘿蔔的蔬菜。」

◎**或是／和**

「你想要我買一般餅乾**或是**小脆餅？」

「要做花生加果醬三明治，我需要買花生醬、果醬**和**————。」

◎**相同／不同**

「西瓜和香瓜都是瓜類，它們外表看起來**相同**或**不同**？」

「你要我買和上次**相同**的喜瑞爾，或是買**不同**種的？」

（你可以拿一張印有圖片的食品折價券給孩子，站在賣那類食品的那一區，問下面的問題：）「把和圖片上**相同**的物品找出來。」

◎**一些／全部**

「**全部**這些瓜的大小都相同，或是，**有些**瓜大小不同？」

◎**之前／之後**

「我們在把東西從架子上取下來**之前**或是**之後**付錢？」

「你知道這些玉米被運送到商店**之前**是從哪裡來的？」

◎**現在／晚一點**

「我們應該**現在**就把這包麵條打開或是等**晚一點**再開？」

「如果你**現在**就打開麵條的包裝，可能會怎樣？」

◎**如果／那麼**

「**如果**我們現在不去買菜，**那麼**可能會怎樣？」

「**如果**我只買零食，不買正餐，**那麼**會怎樣呢？」

◎**為什麼／因為**

「你知道**為什麼**冰淇淋要放在冰箱裡保存嗎？」

「我把蘋果放在塑膠袋裡面，**因為**＿＿＿＿＿＿。」

◎**公平／不公平**

「買好吃的零食給你卻沒有買給弟弟，這樣**公平**嗎？」

◎**情感的考量**

「有沒有那種食物會讓你覺得**高興**？」

「有沒有那種食物帶給你另一種**不同的感覺**？」

「當農場主人把這些漂亮的桃子從樹上採下來的時候，你想他覺得**很得意**或是**很挫折**？」

說故事時間玩文字遊戲

看著故事書裡的圖片，你可以玩多種文字遊戲，問孩子類似下列的問題。這些問題可參考經典童話故事《小紅帽》。

◎**是／不是**

「這**是**一個女孩，她**不是**一個。」

「這個女孩穿了一件紅外套。她**不是**穿＿＿＿＿。」

◎**一些／全部**

「故事裡的小孩**全部**都是女孩，或是**有些**是男孩？」

◎相同／不同

「當小紅帽到奶奶家的時候，她奶奶的外表看起來和以前**相同**或是**不同**？」

◎也許／可能

「接下來**可能**會發生什麼事？」

◎之前／之後

「大野狼是在小紅帽到達**之前**或是**之後**把奶奶吃掉？」

◎現在／晚一點

「你想要我**現在**把故事說完或是**晚一點**再說？」

◎如果／那麼

「**如果**小紅帽聽了媽媽交代的話，**那麼**可能發生什麼事？」

「**如果**小紅帽在林子裡沒有和大野狼交談，**那麼**可能不會發生哪些事？」

◎為什麼／因為

「當小紅帽看見奶奶的時候，嚇了一大跳，**因為**＿＿＿＿＿。」

「你知道**為什麼**小紅帽不應該和大野狼說話嗎？」

◎公平／不公平，

「你認為大野狼欺騙小紅帽**公不公平**？」

◎情感的考量

當你讀故事書給孩子聽的時候，在適當的地方做停頓，問類似下列的問題：

「當＿＿＿＿（描述某事件），你想書中的人物有什麼**感受**？」

「為什麼你認為她／他會有那種**感覺**？」

「你會有**相同**的感受，或是不同的感受？」

「你為什麼會**覺得**那樣？」

「還有什麼其他（不同的）事情會讓你有那種**感覺**？」

「故事中其他的人有什麼辦法能讓這個女孩子再**高興**起來？」

◎思考解決問題的辦法及其後果

因為故事中有人際衝突，所以可以用故事來練習思考解決問題的辦法及其後果。在說故事時間，你可以用「我能解決問題」的思考技巧，偶爾在不同的地方停頓，問類似下列的問題：

「你認為這個女孩採取好的辦法來解決問題嗎？為什麼你這麼認為，或是為什麼你不這麼認為？」

「你能夠想出一個不同的方法，也許這個女孩能夠用它來解決問題？」

「如果她採用你的辦法，可能會發生什麼事？」

「這個故事可能有什麼不同的結局？」

旅行時玩文字遊戲

◎是／不是

「我們坐在車子裡面，我們**不是**搭＿＿＿＿。」

「當你開車旅行的時候，你可以看窗外的景色，但是你**不能**＿＿＿＿＿。」

◎或是／和

「你可以坐在前座，**或是**你可以坐在後座。」

「當你坐進車裡，你應該要做兩件事：關車門**和**＿＿＿＿＿（繫上安全帶）。」

◎一些／全部

「你認為我們應該把**一些**行李放到後車廂，或是應該把**全部**的行李都放到後面？」

「我們的車能夠載得下你全部的朋友，或是只能載**一些**人？」

「你喜歡**全部**行程都搭乘巴士，或是**有些**時候搭巴士？」

◎**相同／不同**

「你朋友家的車和我們的車**相同**或是**不同**？」

「車子裡面座椅的顏色和車子外觀的顏色**相同**或是**不同**？」

「我們的車子和巴士看起來**相同**或是**不同**？」

◎**之前／之後**

「你應該在我車子啟動**前**或是啟動**後**繫上安全帶？」

◎**現在／晚一點**

「車子的油量已經很低了，你認為我應該**現在**加油或是**晚一點**再加油？」

「你想要**現在**停下來吃午飯或是**晚一點**再吃？」

◎**如果／那麼／可能**

「**如果**你不繫安全帶，**那麼可能**會發生什麼事？」

「**如果**你把手伸出車外，**那麼可能**會發生什麼事？」

◎為什麼／因為

「你知道**為什麼**亮紅燈的時候車子不能開動嗎？」

「你知道**為什麼**車子需要加油？」

◎公平／不公平

「上次你坐在前座，這次又讓妹妹坐在後座**公平**嗎？」

◎情感的考量

「是走路上或是有人開車送你上學，讓你比較**快樂**？」

「當巴士誤點時，你有什麼**感覺**？」

看電視玩文字遊戲

◎是／不是

「我們正在看卡通，不在看＿＿＿＿。」

「你認為他所做的事**是**好主意或**不是**好主意？」

◎或是／和

「你想看（節目名稱）**或是**（另一個節目名稱）？」

◎一些／全部

「這個節目**全部**的演員都很風趣，或是有**一些**演員很風趣？」

「你**全部**的朋友都看這個節目，或是你有**一些**朋友看這個節目？」

◎也許／可能

「你認為接下來**可能**會發生什麼事？」

◎之前／之後

「我應該在節目結束**之前**或是節目結束**之後**把電視關掉？」

「你想在廣告**之前**或是廣告**之後**吃點心？」

◎如果／那麼／現在／晚一點

「**如果**你現在看電視，**那麼**你＿＿＿＿（如果必要，問：現在？或是晚一點？）就不能再看電視。」

◎為什麼／因為

「你知道電視上那個演員**為什麼**在笑嗎？」

「你可以幫我講完這個句子嗎？這個人在打掃房子，**因為**＿＿＿＿。」

◎公平／不公平

「你認為剛剛電視上演出的事情**公平**或是**不公平**？」

「你為什麼這樣認為？」

（如果回答不公平：）「怎麼樣會讓事情變得**公平**？」

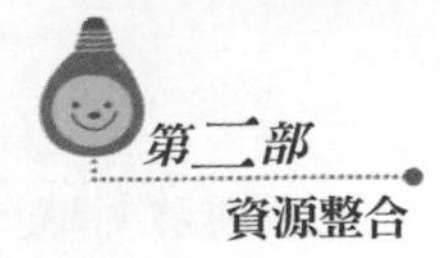

◎情感的考量

「那個演員會有什麼**感覺**？」

「他**為什麼會**這樣**感覺**？」

「你的感受和他**相同**或是**不同**？」

◎思考解決問題的辦法及其後果

「這個故事裡發生什麼問題？」

「這個問題的產生大概是**因為**———。」

「當（事件名稱）發生的時候，這些人做何感覺？」

「這個演員做了什麼事或是說了什麼話來解決問題？」

「還有別的人也試著要解決這個問題嗎？」

「在這個人嘗試解決問題之後發生了什麼事？」

「他在**恰當的時間**或是**不恰當的時間**嘗試解決的辦法？」

「這個辦法**是**一個好辦法或者**不是**一個好辦法？」

「你能想個**不同**的辦法來解決這個問題嗎？」

遇到問題時可以玩的遊戲和活動

前面所建議的活動可以輕易安排在每日的作息中。不過你也可以利用遊戲來幫助孩子繼續思考一些問題，以及如何解決問題。下面是過去多年來我看見孩子喜歡玩的一些遊戲。你要記住，你可以自己發明遊戲，甚至可以叫孩子發明自己的遊戲。

◎記憶遊戲

孩子很喜歡玩記憶遊戲——這個遊戲很好玩，有競爭性，而且也是練習「我能解決問題」思考很棒的方法。要跟孩子玩這個遊戲之前，你要先複印兩份在二二八頁和二二九頁的圖片，再把它們剪成撲克牌大小。就像市售的記憶遊戲（還記得有個叫做集中精神的遊戲嗎？），要先把牌混合一下，牌面朝下。現在可以開始玩了。

叫孩子把兩張牌翻轉成牌面朝上，如果兩張卡不一樣，叫孩子試著記住兩張圖片的樣子以及它們的位置，然後把牌翻回面朝下。如果兩張牌一致，那麼如果孩子能夠回答有關這張圖片的四個問題，他就能夠保留這兩張圖片：

1.「圖片中顯示什麼問題？」

2.「圖片中的人物對問題有什麼感覺？」

3.「這個問題有什麼可行的解決辦法？」

4.「如果圖片中的人物真的按照你的辦法做（說），可能會發生什麼事情？」

當所有的圖片都被取走，有最多組相同圖片的人就贏了。

你也可以用幾個方法來變化記憶遊戲的規則。你可以說，當翻到兩張相同的圖片時，孩子比須想出兩個解決問題的辦法，以及兩種後果。或是叫孩子說出一個辦法及三個可能的後果。或者，你也可以用這個遊戲來複習尋找解決問題的辦法就好，叫孩子想出三種可能的辦法。你想怎麼玩都行，你會發現這是一個練習「我能解決問題」思考技巧很有趣的方法。

◎玩偶的故事

前面每章所玩的玩偶遊戲故事都可以不斷被重複或變更，讓學習趣味橫生，百玩不厭。如果孩子有玩偶、洋娃娃、填充動物、或甚至只有兩隻襪子，你就具備了所須的材料來練習「我能解決問題」的方法。

根據孩子的意願和興趣，要不就是你拿兩個玩偶，或是你和孩子各持一個玩偶。

隨孩子對「我能解決問題」的技巧越來越有信心，也許他會想要自己拿兩個玩偶，為你演出一場。

當你們表演的時候，準備一個問題讓玩偶來解決。你也許可以假裝，有一個玩偶想出去玩，而另外一個玩偶想待在家裡玩。問玩偶下列的問題來引導孩子學習「我能解決問題」對話中的四個步驟：

1.「問題何在？」
2.「你對這個問題做何感想？」
3.「你如何解決這個問題？」
4.「如果你這樣做，可能有什麼結果？」

◎演出舞台劇

有些孩子喜歡演舞台劇，讓他們穿上戲服，為家人朋友表演一小段橋劇。如果你的孩子喜歡這類事情，你可以指導他們，用角色扮演的方式，把問題表演出來。舉例來說，他們可以假裝他們在兒童玩耍的地方，有一個孩子在溜滑梯上頭，卻不肯溜下來。你可以叫孩子想想，他們能說什麼，做什麼，才能玩到溜滑梯。然後讓他們把問題和解決的辦法表演出來。

◎壁畫

我遇過好幾個孩子，他們用散見於本書的「我能解決問題」圖片，發明了一個遊戲。他們的父母把書中的圖片影印好，掛在牆上。然後每隔一陣子，孩子就想出一些和圖片吻合的新問題，然後用講故事的方式來說明——發生了什麼事。問題又可以如何解決，如果採用這些辦法的話，可能有何結果。這個遊戲是用視覺影像來提醒孩子思考「我能解決問題」的好方法。

一本「我能解決問題」的小書（針對實際問題）

一本「我能解決問題」的小書就如孩子的日記一般。要開始做一本「我能解決問題」的小書，幫孩子買任何型式的筆記本都可以——讓他們能在上面畫圖，記錄他們的問題和感受。例如，鼓勵他們畫臉譜來顯示他們對特定問題有什麼感覺。請他們畫一幅自己解決問題的圖畫，然後告訴他們畫一個臉譜，顯示如果他們以選擇的辦法解決問題以後，他們的感受如何。

如果孩子喜歡的話，他們也可以向你口述問題及解決辦法。等你把故事寫在他們的「我能解決問題」書中，然後他們可以畫插圖。以後，孩子會喜歡回過頭來，聽你把他們的問題還有問題如何解決的故事讀給他們聽。這些畫畫、寫作、講故事的活動會幫助孩子練習思考問題、感受、問題的解決之道及其後果。（詳見下頁圖）

第8章 「我能解決問題」對話範例

在本章並不是記錄精心估算過的祕訣，來教你如何教養懂得思考的孩子的寶典。我不期待你會熟讀並且記憶每一段對話，我更不希望你會認為這些對話是代表，在特定狀況下使用「我能解決問題」的唯一方法。「我能解決問題」的對話是一種和孩子交談的方式，但是它的基礎並不是建立在死記對話之上。

如果你把這些對話當成方便的參考指引，那麼它們對你會有極大的幫助。例如，讓我們假設，你發現自己的老毛病又犯了——你發現自己無法忍受孩子之間鬥嘴、爭吵，然後你故態復萌，破口大罵。這時，用不著把整本書重讀一遍來重溫「我能解決問題」之道，只要速讀本章，就能提醒你，如何用「我能解決問題」的方法和孩子談論問題。

為了你的方便起見，如果孩子有什麼老毛病，常常讓你無法招架——就說是搶別的孩子玩具好了——你可以查閱本章的搶東西（可到第二百四十八頁查閱），重新拾回你的記憶，看看在這種情況下，你要問孩子哪些問題。下一次孩子搶玩具時，你就能即時做好準備使用「我能解決問題」的方法。

所以，你可以在這一章夾個書籤。如果你需要很快喚起記憶，或是有一個特別的問題想要「我能解決問題」一下，這裡就是你能很快臨陣磨槍，複習教養一位「我能解決問題」的小小思考家的地方。

孩子彼此之間的問題

這是指發生在孩子與朋友之間的問題。當孩子學習與練習「我能解決問題」的方法時，你的角色就是在當這類問題發生時，注意聽，然後問一些能啟發「我能解決問題」思考的問題。

在我們開始用「我能解決問題」的方法來處理孩子之間一些尋常的問題之前——打人——讓我們先看看這，麼多年來我從家長那裡所聽到許多反應。當你一一閱讀這些非「我能解決問題」的對話時，它們聽起來是不是耳熟能詳。這些反應指出父母通常用來處理問題的幾個方法。

非「我能解決問題」對話：打人

孩子：「巴比打我」

家長：「他什麼時候打你？」

孩子：「在學校。」

家長：「明天我會跟老師講。」

（在這段對話中，家長解決了這個問題，而孩子一點都沒有參與思考這個問題。）

在以下的兩段對話中，兩位媽媽對打人的問題給了孩子不同的忠告，但是她們兩人還是用相同的方法。

孩子：「艾咪今天打我。」

家長：「那你就揍她。」

孩子：「她會一拳打到我鼻樑上。」

家長：「每次她打你，你就把她打回來。我希望你不要這麼懦弱。」

孩子：「但是我會害怕。」

家長：「如果你不學會自我防衛，別的孩子會繼續打你。」

孩子：「好啦。」

＊＊＊＊

孩子：「丹尼把我打倒了。」

家長：「那你怎麼辦？」

孩子：「我就回打他。」

家長：「你不應該還手。打人不好。你可能會打傷別人。還是告訴老師比較妥當。」

孩子：「那他會說我是愛打小報告的人。」

家長：「如果你不報告老師，他會繼續打你。」

孩子：「好吧。」

（這些家長無視孩子的想法，告訴孩子自己所看到的後果。一位家長告訴孩子該怎麼做；而另一位家長則告訴孩子，什麼不能做。但是沒有一位孩子受到鼓勵，要自己去思考和做決定。）

當你告訴孩子如何解決問題，無論你的忠告是否附加解釋，你就錯過大好機會，鼓勵孩子說出自己的打算。如果家長很堅持某種解決辦法最好，就像我們在上面的例子裡所看到的，那麼孩子就明明受到壓抑，不會多想他們能夠怎麼辦，他們所剩的僅有擔心該如何做到你所建議的事。即使用意甚佳，這些家長忽略了孩子對問題的看法，也沒有機會找出孩子起初為何會被打。

有時候父母找出了孩子為什麼被打的原因，但是他們還是只在乎什麼是他們認為孩子該去做的。舉例來說：

家長：「他為什麼打你？」
孩子：「我不知道。」
家長：「你先打他嗎？你拿走他的玩具，還是怎麼樣？」
孩子：「我拿走他的書。」
家長：「你應該拿走別人的東西嗎？」
孩子：「不應該。」
家長：「當你想要某樣東西的時候，你該怎麼做？」

孩子：「用問的。」

家長：「對，你應該請問別人。把別人的書拿走是不對的。那就是他為什麼會打你的原因。」

（同樣的，這位家長繼續把自己的解決辦法強加在孩子身上，而不是從孩子的觀點找出辦法來。）

有些家長會在他們的談話中提及其他人的感受，但是僅僅提及別人的感受並沒有激勵孩子多加思考這個問題。

家長：「為什麼崔夏打你？」

孩子：「她的朋友叫她打我。」

家長：「那一定讓你很生氣。」

孩子：「對啊，我要用沙子丟她的臉。」

家長：「如果你這樣做，她會很生氣，那你們就會真的打起來了。讓她知道你是個成熟的大女生，不要在意她。」

（這位家長談到感受，但是主要目的還是教導孩子不要打人。）

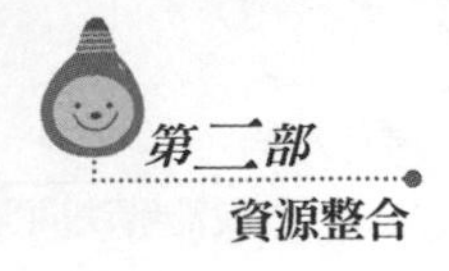

在這所有的例子中，家長給的忠告或有不同，但是她們的策略都是相同的：家長替孩子思考。「我能解決問題」的方法則有所不同；受過「我能解決問題」訓練的家長引導孩子思考問題。

「我能解決問題」對話：打人

我們來看一段有關打人，完整的「我能解決問題」對話。為了提醒你某些問題的目的何在，當「我能解決問題」的思考過程出現的時候，我會指明。

家長：「泰瑞，誰打你？」

孩子：「那台麗。」

家長：「發生什麼事呢？她為什麼打妳。？」

（家長檢視孩子對問題的看法。）

孩子：「她就打我。」

家長：「妳的意思是，她無緣無故打妳？」

（家長鼓勵孩子思考問題的原因。）

孩子：「嗯，我先打她。」

家長：「為什麼？」

孩子：「因為她不讓我看她的書。」

家長：「妳打那台麗的時候，她有什麼感覺？」

（家長引導孩子思考別人的感受。）

孩子：「很生氣。」

家長：「妳知道她為什麼不想讓妳看她的書嗎？」

（家長引導孩子了解別人的觀點。）

孩子：「不知道。」

家長：「妳有辦法知道嗎？」

孩子：「我可以問她。」

家長：「看看妳能不能去找出原因。」

（家長鼓勵孩子找出事實以及發現問題。）

（過一會兒）

孩子：「她說我都沒有讓她看我的書。」

家長：「現在妳知道她為什麼不答應妳了，妳能不能想出要怎麼做、怎麼說，讓他讓妳看她的書？」

（家長鼓勵孩子思考解決問題的辦法。）

孩子：「我可以不跟她玩。」

家長：「如果妳這樣做，可能會怎樣？」

（家長引導孩子思考她的辦法的後果。）

孩子：「她可以不跟我做朋友。」

家長：「妳希望她做妳的朋友嗎？」

孩子：「對。」

家長：「妳能想到不同的做法，所以她還可以跟妳做朋友？」

（家長鼓勵思考更多的辦法。）

孩子：「我可以讓她看一本我的書。」

家長：「這是一個不同的想法。妳不妨試試看。」

當這位媽媽發現，是她的孩子先打人，她沒有對孩子提出忠告或長篇大論告訴孩子打人的是與不是。相反的，她以鼓勵孩子思考那台麗的感受以及問題的起源（想拿本書），繼續使用「我能解決問題」的對話。然後，她幫助孩子尋找其他的辦法來解決問題，也考慮這些方法可能造成的後果。最終，是孩子，而非家長要來解決問題——這就是「我能解決問題」的訓練。

在貫穿本章的孩子與孩子之間，以及親子之間的「我能解決問題」對話中，你會發現，當特定問題發生時，家長運用一種模式來使用解決問題的方法。一但你對這種模式有感覺了，你會發現，這個程序很容易就能被改變，可以適用於任何發生的問題或是衝突。

當家長開始把「我能解決問題」的方法用在真實的問題情境時，有時候，舊的習性真的很難破除。例如，你有沒有聽過：

家長：「布魯斯，你的老師告訴我，你嘲笑別的小孩，擾亂上課次序。你現在上二年級了，如果你再繼續這樣做，你既學不到東西，也不會有朋友。」

孩子：「我不在乎。」

家長：「你已經夠大了，該懂事了。如果你不停止嘲笑別人，我就不讓你出去玩，一直到你在乎為止。」

（我懷疑這個孩子的腦子裡，現在真正在想的是什麼？）

讓我們再試一次——這次，用解決問題的方式：

用「我能解決問題」的對話處理嘲笑別人的問題

家長：「為什麼你要嘲笑別的孩子？」

孩子：「我不知道。」

家長：「這可能有很多原因。如果你努力想一想，我知道你一定能想出一個原因來。」

孩子：「媽媽，沒有人喜歡我。」

（喔……所以這就是他所想的。）

家長：「嘲笑別人是不是一個可以讓他們喜歡你的方法？」

孩子：「我猜不是吧！」

家長：「你嘲笑他們的時候，發生什麼事呢？」

孩子：「沒事啊。嗯……他們跑開了。」

家長：「你能怎麼做，所以他們不會跑開？」

孩子：「跟他們做朋友？」

（這位家長繼續幫助孩子徹底思考如何和別人做朋友。不再長篇說教，而且，現在孩子真的在乎了……非常在乎。）

◎對孩子之間有問題的對話原則

有三項基本原則來引導孩子之間有問題的對話：

1. 找出孩子對問題的看法

如果家長不先找出孩子所認定的問題為何，那就會演變成一場權力競賽，而孩子的問題將不會得到真正的解決。比方說，如果孩子認為問題是他已經把玩具分別人玩夠久了，現在他只是想把玩具要回來，但是你認為問題是在於搶玩具，你們雙方會各行其是，各朝不同的目的努力。

一旦你確認孩子對問題的觀點，要盡量克制想要把問題焦點轉移到合乎家長自己需要的衝動。例如，如果家長明白，問題是由孩子認為他已經和人分享他的玩具夠久了所衍生出來的，卻仍然執意要教導孩子分享，孩子就會拒絕找解決的辦法。

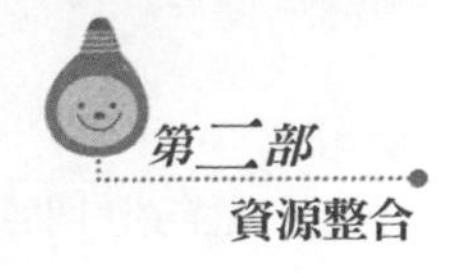

2.要牢記，是孩子而不是大人，必須去解決問題

讓孩子從事思考。家長應該只是提供問題，也去注意孩子是否了解問題是怎樣產生的，看看孩子及他人對這個情況的感受；孩子對於如何解決問題的想法；還有，如果他們真的把想法付諸行動，他們認為會有什麼後果。另外，最最重要的是，避免告訴孩子該做什麼，或是不該做什麼。

3.把焦點放在思考的過程重於個別的結論

「我能解決問題」課程的目的在於——教導孩子一種能幫助他們處理一般人際糾紛的思考形式。如果你加諸價值判斷在孩子的想法之上，你就是強調你對問題的看法；即使是讚美一個解決的辦法也可能抑制孩子再去多加思考其他想法。還有，批評會壓抑孩子自在表達自己想法的意願。任何情況下，孩子都會從思考他們的選擇及其後果轉移到要選擇一個能夠獲得父母青睞的做法。這可能會讓父母立刻獲得所需的答案，但是這樣就會干擾到能夠讓孩子自由自在地思索問題，自己決定什麼該做，什麼不該做的思考過程。

我明白，學習「我能解決問題」對話不總是一件容易的事：這是一種新的和孩子對談的形式，要花很多時間和練習才能使它成為一種習慣。這就是為什麼我要一章一章，慢慢建立對話中每一個步驟的原因，好讓你在融彙貫通以前，能夠按部就班地練習這個方法。

並且，要記得，我不是建議大家每次和孩子講話都要使用「我能解決問題」的對話方式，那會相當很不自然。但是當孩子面臨一些日常衝突，你會發現，「我能解決辦法」的對談的確大有幫助。

更多「我能解決問題」對話範例：處理孩子彼此之間的衝突

以下的對話範例能幫助你每天練習「我能解決問題」的方法，所以到最後，這種思考的過程會變成你和孩子的第二天性。

◎行為粗暴：「我不喜歡你。」

家長：「怎麼啦？你為什麼踢瑪莉？」

孩子：「我不喜歡她。」

家長：「妳踢瑪莉，瑪莉有什麼感覺？」
孩子：「生氣。」
家長：「如果妳踢她，可能會有什麼後果？」
孩子：「我可能會讓她很痛。」
家長：「妳能想到不同的辦法所以妳不會弄痛瑪莉，瑪莉也不會生氣嗎？」
孩子：「我可以不要靠近她。」
家長：「那是一個不同的辦法，妳可以試試看。」

◎破壞物品：「因為我很生氣。」

家長：「丹尼斯，你為什麼把妹妹的書撕破？」
孩子：「因為我生她的氣。」
家長：「你為什麼生她的氣？」
孩子：「因為她說我是笨蛋。」
家長：「怎麼回事？」
孩子：「我不想跟她玩，她是女生。」

家長：「你這樣對她說嗎？」

孩子：「對啊。」

家長：「你想當你說這樣的話，梅莉莎會有什麼感覺？」

孩子：「不舒服。」

家長：「你想那是為什麼她罵你笨蛋的原因？」

孩子：「對。」

家長：「如果你現在不想跟她玩，你能想出**不同**的話對她說，讓她不會覺得不舒服而罵你嗎？」

孩子：「我可以叫她走開。」

家長：「這是你可以說的話。**如果**你這樣說，**可能**會有什麼結果？」

孩子：「她可能會哭，她是一個愛哭鬼。」

家長：「她可能會哭，那你還能怎麼做或怎麼說呢？」

孩子：「我不知道。」

家長：「好，你再想一想。現在，書怎麼辦呢？你把書撕破了。你要怎麼辦呢？」

孩子：「我會跟她說對不起。」

家長：「還有什麼**其他**能做的事呢？」

孩子：「把我的一本書給她。」

家長：「好，你試試看這樣做，然後看看有什麼結果。」

◎搶東西：「把東西給我！」

家長：「發生什麼事？怎麼一回事呢？」

孩子：「我要玩那輛玩具卡車。」

家長：「當你把東西從傑弗瑞那裡搶過來，你想他有什麼**感覺**？」

孩子：「很生氣。可是我不管，我要玩具車。」

家長：「當你搶東西時，傑弗瑞做了什麼事？」

孩子：「他打我。」

家長：「這讓你有什麼**感受**？」

孩子：「很生氣。」

家長：「所以，現在，你很生氣，傑弗瑞也很生氣，然後他打了你。你能想到一個不同的辦法，所以你能有機會玩玩具車，而你和傑弗瑞兩人都不會生氣，傑弗瑞也不會打你。」

孩子：「我可以請他讓我玩玩具車。」

家長：「**如果**你這樣做，**可能**會怎麼樣？」

孩子：「他會說不要。」

家長：「**也許**他會說不。還有什麼別的方法可以讓你玩那輛車？」

孩子：「我可以用我的恐龍和他交換。」

家長：「**如果**你這樣做，**可能**有什麼結果？」

孩子：「我想他會答應。」

家長：「那你不妨試試這個辦法。」

◎沒耐心：「我現在就要玩。」

孩子：「雷娜不跟我玩。」

家長：「你怎麼知道她不跟你玩？」

孩子：「她說的。」

家長：「她怎麼說？」

孩子：「她想看她的書。」

家長：「喔，她現在想做**不同**的事情。**也許**等她看完了，她會跟你玩。」

孩子：「但是我現在就想玩。」

家長：「你想要**所有**的時間都和雷娜玩，還是**有些**時候和她玩？」

孩子：「有時候和她玩。」

家長：「你想雷娜能不能所有的時間都和你玩？」

孩子：「不能。」

家長：「雷娜現在正忙著看書。你現在能想一件**不同**的事情做嗎？」

孩子：「不行。」

家長：「如果雷娜在你正忙的時候來吵你，你想你會有什麼**感覺**？」

孩子：「生氣。」

家長：「如果你現在不讓雷娜看書，你想雷娜有什麼**感覺**？」

孩子：「生氣。」

家長：「如果你現在能想到別的事情做，雷娜就不會生氣。她現在真的想看書。」

孩子：「我可以玩拼圖。」

家長：「這是你現在能夠去做的事。」

◎感覺被排斥：「沒有人要跟我玩。」

孩子：「羅比和德瑞克不讓我跟他們玩。」

家長：「他們現在在做什麼？」

孩子：「他們扮成牛仔，他們把我趕走。」

家長：「你想玩他們正在玩的遊戲嗎？」

孩子：「對。」

家長：「你剛剛對他們說什麼？」

孩子：「我也是一名牛仔。」

家長：「然後呢？」

孩子：「德瑞克說：『你太小了，你不能玩。』」

家長：「那你怎麼辦？」

孩子：「我沒做什麼。」

家長：「你能想到怎麼做或怎麼說，好讓他們讓你一起玩？」

孩子：「我可以說：『我是一個大牛仔。』」

家長：「**如果**你這樣說，**可能**會怎樣？」

孩子：「他們會說：『不是，你不是。』」

家長：「他們可能會這麼說。那你**還能做什麼**或說什麼？」

孩子：「我可以告訴他們，印第安人要來了，我可以幫忙抓住那些印第安人。」

家長：「這是一個不**一樣的想法**。試試看這個主意，看看這樣做會怎樣。」

◎分享①：「他從來不分別人玩。」

家長：「有什麼問題？」

孩子：「保羅從來不跟別人分享，所以我把他的蠟筆拿走。」

家長：「你這樣做，之後發生什麼事？」

孩子：「他哭了。」

家長：「那時，保羅**覺得**如何呢？」

孩子：「很傷心。」

家長：「你對他不和別人分享的事情，有什麼**感受**？」

孩子：「生氣。」

家長：「直接拿走蠟筆是一種方法，你能想到**不同的**做法，所以保羅不會覺得傷心，你也不會覺得生氣嗎？」

孩子：「我可以開口問。」

家長：「那是一個**不同的**想法，試試看那麼做。」

孩子：（對保羅說）「我能用你的蠟筆嗎？」

保羅：「不行。」

家長：「喔，這個主意行不通。你能想到**第二種想法**嗎？」

孩子：（對保羅說）「我讓你玩我新買的小拖車。」

保羅：「好吧。」

家長：「你想到第二種辦法，你覺得如何呢？」

◎分享②：「我先拿到的。」

家長：「怎麼啦？」

孩子一：「我先拿到的。」

孩子二：「不是，是我先拿到的。」

家長：「莎拉，當黛比搶妳東西時，妳有什麼**感覺**？」

孩子二：「生氣。」

家長：「黛比，當莎拉搶妳東西時，妳有什麼**感覺**？」

孩子二：「生氣。」

家長：「現在你們兩人都很生氣。搶洋娃娃是拿到你們想要的東西的一種方法，當你們兩人各自扯著洋娃娃時，接下來會發生什麼事？」

孩子二：「我們開始吵架。」

家長：「你們兩個當中哪個人可以想出一個**不同的**辦法，所以你們兩個人都不會生氣，也不會吵架？」

孩子一：「我們可以握手言和。」

孩子二：「我們可以一起玩。」

家長：「你們何不試試這些辦法。」

摘要：孩子之間的衝突

不管是什麼樣的問題，下列問話組成「我能解決問題」對話的基礎：

1. 「發生什麼事了？」「怎麼回事？」（有時候你可以加上，「因為這樣可以幫助我對問題了解多一點。」）
2. 「（另一個孩子）**有什麼感覺**？」
3. 「你**感覺如何**呢？」
4. 「你能想個**不同的**辦法來解決問題，所以你們兩人都不會生氣（或是，所以他不會打你等。）？」
5. 「這**是**一個好主意或**不是**個好主意？」
6. （如果那是一個好主意）「去試試看這個辦法。」
7. （如果那不是個好主意）「喔，你必須再想個**不同的**辦法。」

親子之間的問題

所謂親子間的問題就是發生在你和孩子之間的衝突。這些通常牽涉到須要管教的情況，在經由「我能解決問題」思考過程的處理之後，通常就可以解除需要責罵和處罰的狀況了。

有時候在管教孩子的情況下，家長忘記要使用「我能解決問題」的方法來解決問題。譬如，你有沒有聽過：

家長：「你跑到那裡去了？我告訴過你，下課要馬上回家。」

孩子：「我忘記了。」

家長：「你不知道我很擔心嗎？」

孩子：「對不起。」

家長：「下次不要再這樣做了，否則你就真的要倒楣了！」

（這位家長出於擔心、憤怒，而有的表現是可理解的，但是她在擔心之餘卻忘了「我能解決問題」的方法。）

讓我們再試一次，這次，用解決問題的方法：

用「我能解決問題」對話處理遺忘的問題

家長：「你想當我不知道你人在哪裡的時候，我感覺如何？」

孩子：「擔心，可能會生氣。」

家長：「你能怎麼做，所以我不會擔心，並且能知道你人在哪裡？」

孩子：「我可以打電話給你，但是我怕你會說，現在就回家。」

家長：「我也許會這樣說。但是你想為什麼當我不知道妳人在何處時會要你打電話。」

孩子：「所以你不會擔心。」

（也幫助這個孩子超越自己的觀點，去了解父母也有感受。）

◎親子間問題的對話原則

當你用「我能解決問題」的方法來解決發生在孩子和你之間的問題，請記得這兩個綱領：

1. 幫助孩子了解你對問題的感受

孩子需要明白為什麼家長不總是能夠滿足他們立即的需求；還有，為什麼當他們不聽話或打破東西的時候，家長會覺得生氣。不要直接告訴孩子你的感受，藉由問他們類似「你想為什麼我不能買這個玩具給你？」或是「你想為什麼當你把客廳弄得一團糟的時候，我會生氣？」的問題，來鼓勵他們思考你的感受。

2. 幫助孩子了解為什麼不是每次都能對最後的結果有所選擇

某些時候，在管教孩子的情況下，家長的目標是不能妥協的。當你要孩子停止玩耍，準備上學，這就是底線，而孩子不能利用「我能解決問題」的方法做為媒介，來改變你的心意。但是即使是在這種孩子不能對結果有所選擇的狀況下，「我能解決問題」的方法還是能夠引導他們思考，他們該如何做。

有時候，孩子可以用「我能解決問題」的方法來思考，他們如何去做你視為重要與對他們有益的事情。例如，碰到房間髒亂的問題，如果你想要房間乾淨整齊，問題不在於房間會不會整理乾淨，而是孩子要如何把房間整理好。你可以問孩子，他們是否想先把所有的玩具收拾好，然後在吃完飯後再把衣服撿起來。孩子也可以選擇把玩具放在衣櫥裡的地板上，而不是放置在牆上的架子上。「我能解決問題」的方法會令孩子覺得自己有能力思考，如何用一種擁有適度自由又能達成家長所吩咐的目標的方式，謹守父母的教養價值觀。

而在另外一些狀況下，他們顯然是無所選擇的。譬如，如果你要孩子繫上安全帶，問題仍然不是孩子是否會繫安全帶，而是孩子對需要繫安全帶一事作何想法。「我能解決問題」的方法幫助父母問些能引導孩子自己去理解，為什麼他們必須繫上安帶這個問題。現在，與其教孩子「把安全帶綁好，因為如果你不這麼做，你可能會受傷。」你不如說：「如果你不綁安全帶，可能會發生什麼事？」

你會注意到，下面所舉的對話中，有些對話把四個對話步驟全用上了，但是其他的對話中，父母並沒有問孩子：「你能想到不同的事情做嗎？」因為這個問題是當沒有其他可行辦法時所問的問題。這些對話只是用來幫助孩子思考，他所面對的問題是如何影響到事件中的每個人。

親子間的問題：更多「我能解決問題」對話範例

◎上床時間：「我不想上床！」

家長：**「上床時間。」**

孩子：「我不想上床。」

家長：「你想為什麼你現在必須上床，而不是再晚一點？」

孩子：「我不知道。」

家長：「**如果**你晚一點上床，**可能**會怎麼樣？」

孩子：「我明天可能會很累。」

家長：「**如果**你明天很累，那**可能**會發生什麼事？」

孩子：「我在學校會表現不好。」

家長：「**如果**你明天醒來很累，在學校表現不好，你會**感覺**如何？」

孩子：「很糟糕。」

家長：「現在是上床的**恰當時間**或是**不恰當的時間**。」

◎買玩具①：「我還要再買一個玩具！」

孩子：「我要那輛玩具卡車。」
家長：「你生日時我買給你的那輛卡車怎麼啦？」
孩子：「壞掉了－我還要再買一輛！」
家長：「那輛卡車怎麼壞掉的？」
孩子：「我把輪子拆掉了。」
家長：「你**為什麼**這麼做？」
孩子：「我想把輪子拆掉。」
家長：「我花那麼多錢幫你買玩具，你就這樣弄壞了，你想我有什麼**感覺**？」
孩子：「生氣。」
家長：「你想你還值得我再買玩具卡車給你？」
孩子：「是的。」
家長：「**為什麼？**」
孩子：「因為我想要。」
家長：「你能怎樣讓我買另一輛卡車給你？」

孩子：「不要把它弄壞。」

家長：「我怎麼知道你不會把它弄壞？」

孩子：「我不會再弄壞我的玩具。」

家長：「你還要用**同樣**的方式玩玩具或是用不同的方式玩？」

孩子：「不同的方式。」

家長：「你要怎麼玩你的玩具？」

孩子：「我不可以把輪子拿掉，我不能亂丟玩具。」

家長：「好，當你讓我看到你不會破壞玩具，我們可以再討論買小卡車的事。」

◎買玩具②：「我能買……」

孩子：「**我能買**這個會說話的洋娃娃嗎？」

家長：「艾瑞嘉，你知道我每次出來買東西都要帶著你。你想如果每次你想買很貴的玩具我就買給你，那我的荷包會怎麼樣？」

孩子：「你會沒有錢。」

家長：「有可能會這樣。」

孩子：「我能買這個嗎？」（用手指一個小玩具）
家長：「可以，你可以買這個。這個不花多少錢。」

◎整理房間①：「我一定要嗎？」

家長：「喬恩，我叫你整理房間，可是你的房間仍然是一團亂。」
孩子：「我一定要整理嗎？」
家長：「你的房間這麼亂，你想我會有什麼**感覺**？」
孩子：「生氣。」
家長：「你知道**為什麼**我會覺得生氣嗎？」
孩子：「**因為**你要一直叫我整理乾淨。」
家長：「對，但是你知道為什麼我希望你的房間要乾淨？」
孩子：「我不知道。」
家長：「嗯，試著猜猜看，你能想到任何我希望你的房間整齊乾淨的理由嗎？」
孩子：「**因為**你喜歡房間看起來好看。」
家長：「這是一個原因。你能想到**不同的**理由嗎？」

孩子：「因為當房間很乾淨，你可以在房間裡走動，不會踩到東西。」

家長：「對。還有，當你的房間很乾淨，你的**感覺**如何？」

孩子：「我就會喜歡我的房間。」

◎整理房間②：「叫他幫我忙！」

家長：「陶樂思，你剛剛在玩這些玩具嗎？」

孩子：「布萊恩也有玩。」

家長：「你和布萊恩一起玩嗎？」

孩子：「對。」

家長：「布萊恩一個人收拾所有的玩具，而你一點都不用收拾，這樣**公平**嗎？」

孩子：「**不公平**。」

家長：「你收拾全部的玩具，而布萊恩都不用收拾，這樣**公平**嗎？」

孩子：「**不公平**。」

家長：「怎樣才**公平**？」

孩子：「布萊恩應該幫忙但是他不肯。」

家長：「你能想出叫布萊恩幫你收拾玩具的辦法嗎？」
孩子：「我可以問他。」
家長：「這是一個想法，如果你這樣做，可能會怎樣？」
孩子：「他會說不要。」
家長：「這有可能，如果他說不要，你還能想到怎麼辦？」
孩子：「打他。」
家長：「你可以打他，這樣一來可能會發生什麼事？」
孩子：「我們會打架。」
家長：「**也許**你們會打起來。你能想到**第三個不同的辦法**嗎？」
孩子：「你可以叫他幫忙我收拾。」
家長：「我可以叫他幫忙，但是當我不在的時候，這就幫不了你了。你能想到不同的辦法嗎？」
孩子：「我可以告訴他，我以後都不跟他玩了。」
家長：「這是一個好辦法嗎？」
孩子：「是的。」

家長：「**為什麼**？」
孩子：「**因為**這樣他就會幫忙我。」
家長：「也許喔。你何不試試這個辦法。」

◎吃飯①：「我不餓。」

家長：「怎麼啦？怎麼不吃飯？」
孩子：「**我不餓**。」
家長：「你為什麼不餓呢？」
孩子：「我不知道。」
家長：「你剛剛是不是吃了餅乾？」
孩子：「對，因為我剛才很餓。」
家長：「你想當你在晚餐前吃餅乾，然後不吃這些有營養的食物，你想我有什麼**感覺**？」
孩子：「生氣。」
家長：「你想，當你的身體沒有吸收營養，你的身體會怎樣。」
孩子：「會生病？」

家長：「你可能會生病。你能怎麼做我就不會生氣而你的身體也不會生病？」
孩子：「假如我吃一點晚餐，可以嗎？」
家長：「你可以這麼做。下次你還可以怎麼做？」
孩子：「我在晚餐前不要吃餅乾。」

◎吃飯②：「我不喜歡吃青菜。」

家長：「怎麼啦？你怎麼沒吃紅蘿蔔？」
孩子：「**我不喜歡吃青菜。**」
家長：「我以為你喜歡吃青菜；你常常拿紅蘿蔔當點心吃啊。」
孩子：「但是那種紅蘿蔔沒有煮過，不像這種煮得爛爛的。」
家長：「你能**想到什麼辦法**讓你在晚飯時吃青菜嗎？」
孩子：「我可以從冰箱拿沒煮的青菜吃。」
家長：「這是不是一個好辦法？」
孩子：「是！因為硬硬的紅蘿蔔還是有養分在裡面。」
家長：「好。生的蘿蔔也算青菜。」

◎不負責任的行為：「**我忘記了。**」

家長：「雪莉，我不是叫你把玩具收拾好嗎？」

孩子：「**我忘記了。**」

家長：「地上是放玩具的好地方嗎？」

孩子：「不是。」

家長：「你把玩具留在地上**可能**會發生什麼事情？」

孩子：「有人會因此跌倒。」

家長：「那麼可能會怎樣呢？」

孩子：「可能會受傷。」

家長：「**如果**有人受傷了，我們會**覺得**怎樣呢？」

孩子：「難過，還有生氣。」

家長：「你能想到一個**不同的**地方放玩具，所以不會有人跌倒，也不會有人受傷。」

孩子：「我可以把玩具放在我的房間。」

家長：「好主意。你可以自己決定要放在房間的什麼地方。」

◎說謊：「是他打破的！」

家長：「潔西卡，發生什麼事了？這個花瓶為什麼打破了？」
孩子：「克思打破的。」
家長：「喔，你知道事情怎麼發生的嗎？」
孩子：「他跑一跑撞到花瓶。」
家長：（明知道事實並非如此）「我必須跟他好好談談。他這麼不小心真的讓我很傷心。」
孩子：「媽媽，是我打破的，不要罵克思。」
家長：「你**為什麼**告訴我是克思打破的？」
孩子：「我害怕。」
家長：「我明白了。告訴我怎麼回事。」
孩子：「我弄倒花瓶。」
家長：「你那時候在做什麼呢？」
孩子：「在玩。」
家長：「你在靠近花瓶的地方玩嗎？」

孩子：「對。」

家長：「我很高興你告訴我實情。**你現在能怎麼辦呢**？」

孩子：「我可以幫你找一個新的花瓶。」

家長：「對，你可以這樣做。那下次你在易碎物品旁邊玩耍的時候，你要注意什麼呢？」

孩子：「我不要在那裡玩。」

◎為獲得注意而吵鬧：「現在唸書給我聽！」

孩子：「你唸這個故事給我聽好嗎？」

家長：「我現在正在忙著做晚餐，等我把這道菜放進烤箱，我就可以唸書給你聽。」

孩子：「你**為什麼**不能現在就唸？」

家長：「**因為**我想六點開飯，這道菜現在就要放進烤箱裡。你能不能想個不同的事情做，直到我做完事。」

孩子：「不可以。」

家長：「你這只是跟我開玩笑吧，你能想到**什麼事情**做呢？」

孩子：「我看故事書裡的圖畫好了。」
家長：「那是一件你能做的事。」
孩子：「然後，我要看電視。」
家長：「你想到兩件可以做的事了。如果我做完飯你還要我唸故事書給你聽，你再告訴我，好嗎？」
孩子：「好。」

◎破壞物品：「我不會打翻。」

家長：「如果你在客廳玩水，可能會發生什麼事？」
孩子：「沒事，我不會把水打翻的。」
家長：「**也許**你不會打翻，**但是還有**什麼事可能會發生？」
孩子；「嗯，水可能會濺出來。」
家長：「**如果**水濺出來，你想我會有什麼**感覺**。」
孩子：「生氣。」
家長：「你想我**為什麼**會生氣。」

孩子：「因為會把地毯弄髒。」

家長：「你能想到去別的（不同的）地方玩水，所以你不會打翻水嗎？」

孩子：「到水槽玩。」

家長：「那是一個玩水的好地方嗎？」

孩子：「對，因為水會流到水槽裡。」

家長：「那你還能想到**第二個不同的**玩水好地方嗎？」

孩子：「外面。」

家長：「你可以在這兩個地方當中，任選一個地方去玩水。」

◎旅行①：「不要再踢我了。」

孩子一：「叫他不要踢我。」

孩子二：「喔，不要這麼幼稚，我又沒有對你怎樣。」

家長：「我正專心開車，而你們兩個卻吵個不停，你們想，我做何感想？」

孩子一：「生氣。」

家長：「**如果**我一直轉頭去制止你們吵架，**可能**會發生什麼事？」

孩子二：「你可能會出車禍。」

家長：「**如果**因為你們兩人吵架，害我出車禍，你們會有什麼**感覺**？」

孩子二：「很難受。」

家長：「你們能怎麼辦，所以我不會生氣也不會出車禍？」

◎旅行②：「我不想繫安全帶。」

家長：「繫上你的安全帶。」

孩子：「我不要。」

家長：「你**為什麼**不想綁安全帶呢？」

孩子：「**因為**我不喜歡。」

家長：「你想你**為什麼**需要綁安全帶呢？」

孩子：「**因為**如果我們出車禍，我會受傷。」

家長：「**如果**我們出車禍，而你因為沒有繫上安全帶而受傷，想一想你會有什麼**感受**？」

孩子：「難過，而且會受傷。」

跟想法、時間、地點有關的問題

在日常生活中，孩子經常會從事一些很普通的活動，像是在房子裡跑來跑去的，這些活動有時可能不是好主意，有時可能是時間不對或是地點不宜。在這種情形下，你可以用「我能解決問題」的方法，幫助孩子思考他們的行為，以避免可能發生的問題。你聽過這樣的對話嗎？

家長：「林悟德，不要把繩子橫綁在門口！這樣就沒有人可以進出了。」
孩子：「對不起。」
家長：「你是怎麼回事？你知道那不是玩繩子的好地方。」
（這位家長解釋事情的後果，但卻沒有幫助林悟德找出可能的問題來。）

讓我們再試一次，這次用的是解決問題的方法：

家長：「林悟德，這是綁繩子的好地方嗎？」
孩子：「大概不是吧。」
家長：「**如果**你把繩子橫綁在門口，**可能會**發生什麼事啊？」

孩子：「沒有人可以進到房子裡來。」

家長：「**如果**別人不能進來，他們**可能會**有什麼**感覺**？」

孩子：「生氣。」

家長：「你能想到一個不同的地方去綁繩子嗎？」

孩子：「我房間的門上頭。」

（林悟德的動機並不是要阻止人進出房子，他只是想練習綁繩索。這位媽媽不再為孩子根本無意圖的事由來責罵兒子。）

更多跟想法、時間、地點相關問題的對話範例

一旦孩子已經養成使用「我能解決問題」思考的習慣，你會發現，你根本無須使用整套的對話程序。例如，有天早上，艾迪把手伸進他媽媽用來打蛋做早餐的碗裡。他媽媽停下打蛋的動作，問他：「這是你該伸進手來的**恰當地方**嗎？」艾迪，採用「我能解決問題」的思考模式，回答：「不是，**因為**我可能會受傷。」然後就把手從碗裡抽離。艾迪的媽媽不需要用到包括感受、辦法，以及後果的全套「我能解決問

題」對話，因為艾迪都知道。你可以在各種情況下問同樣的這兩、三個問題，來迅速提醒孩子使用「我能解決問題」的思考。

◎當孩子在牆壁上（桌上、地板上，等等）畫畫

「這是用來畫圖的恰當地方嗎？」

「為什麼這不是一個恰當的地方？」

「哪裡是畫圖的好地方？」

◎當孩子把玩具留在有安全之虞的地方

「這是放玩具的好地方嗎？」

「哪裡是放玩具的好地方？」

◎當孩子在寒冷的天氣中不肯穿適當的衣物時

「下雪天出門不穿雪靴是個好主意嗎？」

「為什麼不是好主意呢？因為＿＿＿＿。」

「當你在下雪天出門的時候，你還需要穿戴什麼？」

◎當孩子在房子裡跑來跑去

「在房子裡亂跑是不是一個好主意？」

「如果你在房子裡跑來跑去，可能會發生什麼事？」

「當你在屋子裡的時候，你能想到不同的事情做嗎？」

◎當孩子來打擾

「這是跟我談話的恰當時間嗎？」

「我能在同一時間跟你和＿＿＿＿講話嗎？」

「你在等待的時候能夠做些什麼？」

◎當孩子穿外出服畫畫時

「穿外出服畫畫是個好主意嗎？」

「如果你穿外出服畫畫，可能會發生什麼事？」

「你能怎麼辦，所以你的衣服不會（重複孩子說過的回答）？」

◎當孩子騎腳踏車騎得太快的時候

「騎太快是個好主意嗎？」

「如果你騎太快，可能會怎麼樣呢？」

「你能夠想到用不同的方式來騎腳踏車嗎？」

◎當孩子用不正確的方式拿剪刀

「當你走路的時候，用那個方法拿剪刀是好主意嗎？」

「你能想到用不同的方式來拿剪刀嗎？」

◎當別的孩子在玩球而你的孩子站得太靠近時

「這是你站立的好地點嗎？」

「你能想到不同的地方站嗎？」

◎當孩子把腳放在傢具上

「那是放腳的好地方嗎？」

「你能想到不同的地方放你的腳嗎？」

◎當孩子在門口玩

「那是玩耍的好地方嗎？」

「你能想到不同的地方去玩嗎？」

◎當一個孩子罵另一個孩子

「這樣做好嗎？」

「當你這樣做，你想他有什麼感受？」

「接下來可能發生什麼事？」

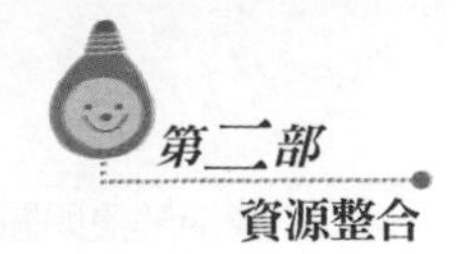

恰當的地方，恰當的時間，以及激發出好主意。一旦孩子理解了「我能解決問題」的思考模式，你能夠只問兩三個「我能解決問題」的問題，來避免一長串可能發生的麻煩。這些問題能夠幫助孩子練習行為因果的思考——你甚至很快就能聽見你那小小的解決問題專家，向朋友炫耀他的思考技巧。這就是瑪麗把「我能解決問題」思考帶入家中幾個月後所發生的情形。

某個傍晚，他聽見四歲大的亞歷斯大聲向朋友喊著：「那不是放腳踏車的好地方，因為可能會被車子碾壞。」

「嗯，」瑪麗心想，「現在亞歷斯真的是一個名符其實的『我能解決問題』的兒童了。」

一般問題

〔孩子與孩子之間〕

〔親子之間〕

第⑧章

「我能解決問題」對話範例

附錄一

自我評量表

每隔一陣子，你可能要問自己：「我的表現如何？」「我能解決問題」是那種會讓人想在未來幾年持續使用在孩子身上的技巧，但是，有時候你也很可能會忘記該使用「我能解決問題」的方法，就直接告訴孩子該如何解決問題，而不是讓他們自己思考應該如何解決問題。下面的評量表是一個方便迅速的方法，來評量你在使用「我能解決問題」的技巧上表現如何。

如果你發現自己對第一、二、三項的回答都是「是」，那你大概仍然需要多多練習使用能鼓勵孩子思考問題的「我能解決問題」對話，而不是要孩子聽你指示。當你能通過第四項時，表示你已經有好的進展，正朝著成為一位「我能解決問題」家長的方向邁進。

今天（或這個星期），當我和孩子講話時，我：

自我評量表

1. 有苛求、命令，或輕視的言行

例子

「坐下！」

「你不要這樣做！」

「你知道你不應該——！」

「我告訴過你多少次——？」

2. 提供建議而不加解釋

例子

「你不能夠到處欺負別的孩子。」

「你為什麼不去問他這件事呢？」

「小孩子一定要學會跟別人分享。」

3. 提供忠告並加以解釋，也和孩子談及感受

例子

「如果你打人，你可能會失去一個朋友。」

「如果你搶玩具，她可能不會讓你玩她的玩具。」

「你不應該這樣做，這樣不公平。」

「如果你這樣做，你會讓他很生氣。」

4. 引導孩子思考感受、解決問題的方法及其後果

例子

「有什麼問題嗎？」

「當——，你想你的朋友會有什麼感覺呢？」

「如果——，可能會發生什麼事呢？」

「你能夠怎麼做，所以那件事情就不至於發生？」

「你想那是一個好主意，或者那不是一個好主意？」

「你能想到不同的方法嗎？」

附錄二 你和孩子可以思考的問題

當孩子學習使用「我能解決問題」的方法時，你會發現，自己會開始評量自己和孩子之間相處及溝通的方式。下面的練習是一種有趣的方式，可以幫助你思考，你和孩子之間的特別關係。

◎觀感

高興、難過、生氣

1. 你的孩子做什麼事或說什麼話會讓你感覺：

高興？

難過？

生氣？

2. 為什麼（問題一的回答）讓你感覺：

高興？

難過？

生氣？

3.你做什麼事或說什麼話會讓孩子覺得：
高興？
難過？
生氣？

4.為什麼（問題三的回答）會讓孩子覺得：
高興？
難過？
生氣？

◎有一次，當……

你能想到有一次，當：
1.你和孩子對某件事情有相同的感受？
2.你和孩子對同一件事情有不同的感受？
3.你以為孩子喜歡某件事物，但其實他並不喜歡？
4.你的孩子以為你喜歡某項事物，但其實你不喜歡？
5.你看見孩子所做的事情，才發現孩子的喜好？
6.你聽見孩子所做的事情，才發現孩子的喜好？
7.你問孩子才發現孩子的喜好？

◎更多觀感

得意、挫折

想到有一次，當：

1. 你為孩子感到得意（驕傲）。
2. 你為自己感到得意（驕傲）。
3. 你認為孩子為他／她自己感到得意（驕傲）。
4. 你認為孩子為你感到得意（驕傲）。（你如何得知孩子的感受？）
5. 你對孩子感到挫折？
6. 你對自己的某件事情感到挫折？
7. 你認為孩子感到挫折。（你如何得知孩子的感受？）
8. 你認為孩子對你感到挫折。（你如何得知孩子的感受？）

◎恰當的時間／不恰當的時間

想想，有一次，當：

1.孩子挑了一個不恰當的時間請你做某件事；例如，當你正：

◆忙的時候

◆覺得很累

◆生病的時候

◆情緒不佳的時候

2.孩子等到適當的時候請你做某件事。

3.你挑了一個不恰當的時候請孩子做某件事。

不同的方法：實際的問題

這個活動的目的是要多加學習使用「我能解決問題」的方式來和孩子交談。

想想最近你和孩子必須處理的某個實際問題的情景。

1.當問題發生時，你所說的第一句話，或所做的第一件事是什麼？

2.接下來發生什麼事？然後緊接著那句話／那件事，你說了什麼話或做了什麼事？

3. 再來你又做了什麼或說了什麼？

繼續思考打從問題剛發生，之後你實際上說過的每句話、所做過的每件事，直到問題獲得解決為止。

現在再想想下面幾件事：

1. 你從孩子那裡得知事情全部的真相嗎？
2. 你知不知道當問題發生時，孩子的感受？（你如何得知？）
3. 你能想到你有可能用來處理同一個問題的不同方式嗎？當孩子說某些話或做某些事時，你還能有什麼其他的說法或做法？

◎找出真相

每隔一陣子就測試自己，看看做家長的你，有沒有從「我能解決問題」的方法受益。問問自己，能否想到某個時刻，當：

1. 你會發覺孩子的問題是：

- ◆藉著你所見，而不是所聞、所問
- ◆藉著你所聞，而不是所見、所問
- ◆藉著你所問，而不是所見、所聞
- ◆藉著上述的兩種或三種方法。

2.經由「我能解決問題」的方法，你得知孩子某些你前所未知的事情。

3.你的孩子遇到某個問題，你以為你知道問題所在，但是在你使用「我能解決問題」的對話以後，你發現其實問題和你原來所想的大不相同。

附錄三 「我能解決問題」提要

你或許會想影印這些孩子之間以及親子之間的對話題要，把它們掛在一個醒目的地方，像是家裡的冰箱門上。一天當中，有實際的問題發生時，這些提要可以幫助你記得，如何使用「我能解決問題」的方法和孩子交談。當然，這只是一些指導方針，但是它們可以提醒你使用這套新策略。

孩子之間的問題

「發生什麼事情？」「怎麼回事？」

「————會有什麼**感覺**？」

「你**覺得**如何？」

「當你那樣做之後，發生什麼事？」

「那樣讓你有什麼**感覺**？」

「你能想個**不同**的辦法來解決問題（所以你們兩人都不會生氣，他不會打你等等）？」

「那是一個**好**主意，或者**不是一個好主意**？」

如果是好主意：「你就去試試看吧！」

如果不是好主意：「喔，你必須再想個**不同**的辦法。

親子之間的問題

「我能**同時和**你及———講話嗎？」

「這是和我講話的**恰當時間**嗎？」（和———講話？）

「你能想到一個**恰當的時間**和我談說話嗎？」（和講話？）

「這是畫畫（放食物、站著等等）的恰當地方嗎？」

「你能想到一個**恰當的地方**來———嗎？」

「當你不聽我說話（亂丟食物、打斷我講話等等），你想我會有什麼感覺呢？」

「你**現在**能想到什麼**不同**的事情做，直到（你能畫指畫，我能幫忙你等等）嗎？」

譯後語

◎游琇雯

教養是一門藝術。坊間的教養書五花八門，討論的理論與技巧各異，雖然各類說法，各有所長，然而，有時也不免流於莫衷一是，無所適從的困惑。舒爾博士的這本《培養會思考的小孩》為現代教養之道，開闢了一條清新的路徑。透過親子之間語言的互動，讓我們看見教養世界中，人際關係問題的本質，她將人與人之間的關懷層面，植入解決人際問題的核心，從而尋求相處之道，建立互利互惠的人際關係網絡。

這本書幫助我們看見，在兒童教養的實際層面，三件重要的事情：

第一、成功的親子教養，家長與孩子雙方都是主角

傳統的親子教養稱為parenting，是以父母管教子女的觀點做為教養理論的架構，這種教養觀忽略了父母教養觀與孩子之間相適性（compatibility）的問題；

甚且，當教養成為父母主動，孩子被動的關係架構時，親子之間豐富又有意義的互動無疑已被打了折扣。舒爾博士的「我能解決問題」課程，巧妙的透過親子語言的互動，在思考人際問題的過程中，經由思考的步驟，將親子關係還原為兩個思考主體的交集，打破一般教養理論的限制，奠定成功教養的基礎。

第二、言教應該有更深的內涵

舒爾博士的理論與實證讓我們看到，父母所謂的言教其實應該有更深的內涵。語言與思考有著密不可分的關係。語言既是思考的工具，語言也左右思考的內容。「德國哲學家維根斯坦指出，一個人語言的界限就是他世界的界限。我能解決問題」的課程透過語言操作，把思考延伸到人際關係行為的選擇。

現在，透過舒爾博士的研究，我們清楚的看見，語言的操作不僅在認知世界有其重要性，在人際社會也同樣適用。透過語言的啟發，幼兒的社會性認知（social cognition）能夠更清楚的呈現在親子溝通的過程中，兒童行為的教導也得以透過社會認知的操作來達成目標，因而賦予「現代新式言教」（有別於傳統言教）更豐富的意涵。

第三、在教導孩子思考的過程中，親子雙方都應成為人生課題的思考者

當然，本書的精要乃在於：**成功的教養應該教導孩子如何思考，決定自己行為的選擇，成為一位自我負責的人。**有趣的是，在教導孩子思考的過程中，父母自己也不得不學習成為一位思考者。所以，**這本書的可貴之處在於，它不但是一本教導孩子如何思考的書，它同時也是一本鼓勵父母思考的書。**如同舒爾博士在書中提到的，在教導孩子學習思考的過程中，父母也會意識到自己需要改變，也會逐漸看見自己的改變。其實這才是真正成功的親子教養：成就一個親子共同成長的豐富人生。透過親子雙方理性的思考，教養所呈現的不再是父母階段性的任務；教養不是人生的主軸，人生才是教養的主軸——而所謂人生，當然包含了父母與孩子雙方。

舒爾博士以語言為工具，切入兒童社會適應的問題，使問題迎刃而解。我相信這不僅是出於理論的創意與洞察，也是本於她對兒童全人發展透徹的觀察，以及她對兒童真誠的關懷。能以實驗佐證理論，進而發展出能廣為應用的實際訓練課程，在兒童行為管理的領域中，實在少見。舒爾博士的思考訓練，賦予兒童在成長過程中的主動地位。這種精神正好反應這二十年來心理學由行為主義過渡到認知主義的發展趨勢。從幫助孩子成為自己人生主人的角度來看，的確值得為人父母者用心學習，努力實

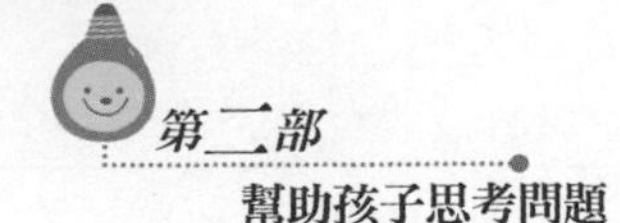

踐，教導出能為自己的行為與人生負責，又能關懷周遭的下一代。

所以，我衷心期待，希望舒爾博士的這本《培養會思考的小孩》，雖然有語言翻譯上的隔閡，仍能成為親子教養的頭腦體操練習本。透過社會認知層面上的連結，讓親子教養成為親子雙方彼此更加了解，更加親密的訖始。

尾聲

過去二十年來，我看到「我能解決問題」的訓練如何幫助世界各地的幼童，也看到家長們如何樂意將這套訓練從學校帶進他們的家庭裡。而今，我很高興有這個機會把這套訓練課程直接帶入你的家中。

我希望這套「我能解決問題」的方法能夠幫助你，在一個已經忘記要「思考在前，行動在後」的社會中，肩負起教養兒童這個深具挑戰的任務。如果我說，假使我們下一代的青少年及青年都是「我能解決問題」的思考者，那麼也許我們的國家會成為一個更富同情心，更具人性光采的地方，可讓我們的子子孫孫安然居住，這樣的預言會是個過於大膽的臆測嗎？

國家圖書館出版品預行編目資料

培養會思考的小孩 / 米娜.舒爾, 泰瑞莎.佛伊. 迪覺若尼莫合寫；游琇雯譯. -- 修訂三版. -- 臺北市：新手父母, 城邦文化出版：家庭傳媒城邦分公司發行, 2020.11
面； 公分. --（好家教系列；SH0022B）
譯自：Raising a thinking child : help your young child to resolve everyday conflicts and get along with others : the "I can problem solve" program
ISBN 978-986-6616-57-0(平裝)

1.親職教育 2.思考 3.兒童心理學

528.2 100022839

培養會思考的小孩（修訂新版） RAISING A THINKING CHILD

作　　者／米娜．舒爾 & 泰瑞莎．佛伊．迪覺若尼莫
譯　　者／游琇雯
選　　書／林小鈴
企劃編輯／蔡意琪

行銷經理／王維君
業務經理／羅越華
總 編 輯／林小鈴
發 行 人／何飛鵬
法律顧問／台英國際商務法律事務所 羅明通律師
出　　版／新手父母出版　城邦文化事業股份有限公司
台北市中山區民生東路二段 141 號 8 樓
電話：(02) 2500-7008　傳真：(02) 2502-7676
E-mail：bwp.service@cite.com.tw
發　　行／英屬蓋曼群島商家庭傳媒股份有限公司城邦分公司
台北市中山區民生東路二段 141 號 4 樓
讀者服務專線：(02)2500-7718；(02)2500-7719
24 小時傳真服務：(02)2500-1990；(02)2500-1991
讀者服務信箱：E-mail：service@readingclub.com.tw
劃撥帳號：19863813　戶名：書虫股份有限公司

香港發行所／城邦（香港）出版集團有限公司
香港灣仔駱克道 193 號 東超商業中心 1 樓
電話：(852) 2508-6231　傳真：(852) 2578-9337
E-mail：hkcite@biznetvigator.com
馬新發行所／城邦（馬新）出版集團 Cite(M) Sdn. Bhd. (458372 U)
11, Jalan 30D/146, Desa Tasik, Sungai Besi,
57000 Kuala Lumpur, Malaysia.
電話：(603) 90563833　傳真：(603) 90562833

封面設計／劉麗雪
製版印刷／卡樂彩色製版印刷有限公司

2007 年 1 月初版（共計 10 刷）
2011 年 11 月修訂版（共計 8.5 刷）
2020 年 11 月 19 日修訂四版
定價／ 350 元

Printed in Taiwan

城邦讀書花園
www.cite.com.tw

RAISING A THINKING CHILD: HELP YOUR YOUNG CHILD TO RESOLVE EVERYDAY CONFLICTS AND GET ALONG WITH OTHERS by MYRNA B. SHURE, PH. D., WITH THERESA FOY DIGERONIMO, M.ED.

ISBN 978-986-6616-57-0
EAN 4717702110314

廣　告　回　信
台灣北區郵政管理局登記證
北台字第10158號
免　貼　郵　票

104　台北市民生東路二段 141 號 8 樓

城邦文化事業（股）公司
新手父母出版社

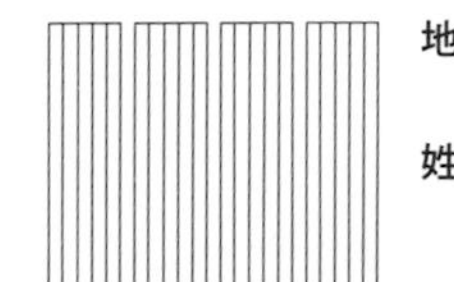

地址

姓名

請沿虛線摺下裝訂，謝謝！

書號：SH0022B　書名：培養會思考的小孩（修訂新版）

新手父母出版　讀者回函卡

新手父母出版，以專業的出版選題，提供新手父母各種正確和完善的教養新知。為了提昇服務品質及更瞭解您的需要，請您詳細填寫本卡各欄寄回（免付郵資），我們將不定期寄上城邦出版集團最新的出版資訊，並可參加本公司舉辦的親子座談、演講及讀書會等各類活動。

1. 您購買的書名：____________________
2. 您的基本資料：
   姓名：____________________（□小姐　□先生）生日：民國___年___月___日
   郵件地址：____________________
   聯絡電話：____________________
   E-mail：____________________　□有小孩_____個（_____歲）□尚無小孩
3. 您從何處購買本書：__________縣市__________書店
   □書展　□郵　□其他____________________
4. 您的教育程度：
   1.□碩士及以上　2.□大專　3.□高中　4.□國中及以下
5. 您的職業：
   1.□學生　2.□軍警　3.□公教　4.□資訊業　5.□金融業　6.□大眾傳播　7.□服務業
   8.□自由業　9.□銷售業　10.□製造業　11.□食品相關行業　12.□其他__________
6. 您習慣以何種方式購書：
   1.□書店　2.□網路書店　3.□書展　4.□量販店　5.□劃撥　6.□其他__________
7. 您從何處得知本書出版：
   1.□書店　2.□網路書店　3.□報紙　4.□雜誌　5.□廣播　6.□朋友推薦
   7.□其他__________
8. 您對本書的評價（請填代號 1非常滿意 2滿意 3尚可 4再改進）
   書名_______　內容_______　面設計_______　版面編排_______　具實用_______
9. 您希望知道哪些類型的新書出版訊息：
   1.□懷孕專書　2.□0~6 歲教育專書　3.□0~6 歲養育專書
   4.□知識性童書　5.□兒童英語學習　6.□故事性童書
   7.□親子遊戲學習　8.□其他
10. 您通常多久購買一次親子教養書籍：
   1.□一個月　2.□二個月　3.□半年　4.□不定期
11. 您已買了新手父母其他書籍：

____

____________________ 12.

12. 您對我們的建議：

____

____

____